国家自然科学基金青年项目（71803194）
中央高校基本科研业务费专项资金资助项目（青年教师创新团队项目21JNTD012）

估值偏误与家庭行为

——基于消费和投资的视角

Estimation Bias and Household Behavior:
A Perspective Based On Consumption and Investment

高 楠 著

中国财经出版传媒集团

经济科学出版社
Economic Science Press

·北京·

图书在版编目（CIP）数据

估值偏误与家庭行为：基于消费和投资的视角/高楠著 . -- 北京：经济科学出版社，2023.4
ISBN 978 - 7 - 5218 - 4687 - 4

Ⅰ.①估…　Ⅱ.①高…　Ⅲ.①居民消费－研究－中国
Ⅳ.①F126.1

中国国家版本馆 CIP 数据核字（2023）第 064916 号

责任编辑：王　娟　李艳红
责任校对：李　建
责任印制：张佳裕

估值偏误与家庭行为

——基于消费和投资的视角

高　楠　著

经济科学出版社出版、发行　新华书店经销

社址：北京市海淀区阜成路甲 28 号　邮编：100142

总编部电话：010 - 88191217　发行部电话：010 - 88191522

网址：www. esp. com. cn

电子邮箱：esp@ esp. com. cn

天猫网店：经济科学出版社旗舰店

网址：http://jjkxcbs. tmall. com

北京季蜂印刷有限公司印装

710×1000　16 开　11.75 印张　180000 字

2023 年 11 月第 1 版　2023 年 11 月第 1 次印刷

ISBN 978 - 7 - 5218 - 4687 - 4　定价：56.00 元

前　　言

长期以来，对我国居民决策的研究常常忽略了个体的非理性行为，导致我国家庭消费的增长不足、消费结构的质和量不能协调发展、非理性投资普遍等问题迟迟得不到解决，不仅影响我国产业结构的优化升级，同时对建立健康的风险市场造成较大阻碍。本书基于行为经济学，探讨居民消费和投资决策中的非理性因素，从个体的心理偏误分析家庭消费的失衡和风险认知偏误。具体而言，个体对自有财富的"财富幻觉"，引致家庭在进行消费和风险投资时存在非理性的偏误，即消费结构的失衡和对风险的错误认知。基于消费者效用模型，描述财富幻觉下的居民消费和投资决策，挖掘消费结构失衡和风险认知偏误的非理性诱因，并论证其影响机制；同时运用微观数据对理论进行实证检验，并讨论对家庭债务、消费特点、投资策略的影响。本书创新性地挖掘影响我国居民行为决策的非理性特征，为国家制定政策优化消费结构、实现消费转型、提高居民风险认知水平等提供扎实的微观基础。

第1章主要介绍本书的研究背景和基本思路，概述了主要研究方法。第2章首先回顾了家庭财富与家庭金融的相关理论基础，描述了生命周期下的财富效应与财富幻觉；其次，在行为经济的框架下介绍了个体估值偏误、过度自信与禀赋效应等非理性行为理论；最后，基于居民风险认知偏差的角度介绍了家庭风险投资和资产配置理论。基于以上理论，结合我国的制度背景和现状，本书将详细讨论上述理论在我国的应用。

第3章主要探讨普遍存在的估值偏误对家庭的负债行为和流动性的影响，并探讨了该行为与幸福感的关系。基于估值偏误的内在机制构建了家庭举债的理论分析框架，并推导出了两个待检验的经验假说：（1）估值偏误会对家庭杠杆率产生影响，导致举债行为增加，并对流动性产生负面影响。（2）住房估值偏误与家庭的幸福正相关。

在禀赋效应以及理性高估等因素的影响下，家庭往往会通过高估住房资产价值而获得信贷的目的，具体体现为将较高的房产价值作为抵押品，可以助其申请到更高的金融信贷，在获取非正规的金融借贷时也可以借此提高自己的筹码，更高的债务水平随之降低家庭财富的流动性；同时，获取更多的贷款资金后，家庭的消费水平随之提高，进而提高家庭成员的幸福程度。基于有国家层面代表性的中国家庭金融调查的微观数据进行实证分析后发现，住房资产估值偏误程度每增加10%，以债务—收入比衡量的家庭杠杆率增加0.68%，研究同时发现，资产高估的家庭消费水平更高、储蓄更少，并且更快乐，这些结论在考虑其他控制变量、稳健性检验以及处理内生性问题之后仍然稳健。本章的结论对于认识非理性偏差对家庭的负债行为提供了微观基础。

第4章进一步从消费失衡的角度详细探讨了估值偏误的影响。尽管已有丰富的研究对我国居民消费特点进行分析和总结，其中不乏以财富效应为切入点的研究，但诸多研究忽略了微观个体的非理性偏差和随之产生的财富幻觉。本章主要以估值偏误为切入点，以城镇家庭消费为研究对象，在财富幻觉的框架下讨论我国居民消费失衡的现象。基于中国家庭金融调查的城镇居民微观数据，我们发现，我国城镇居民的估值偏误普遍存在，对自有住房价值高估达9.4%，同时信息发展程度和经济、金融发展程度与估值偏误也有关；估值偏误越高的家庭，其消费水平显著更高。此外，我们还发现估值偏误与家庭消费之间的关联很大程度上源于家庭的流动性约束，并且估值偏误对消费习惯和其他消费行为也产生了显著的影响。我们采取了多种方法进行稳健性检验，包括使用不同的方法测算住房价值、使用第三方的估值作为房产实际价值的工具变量、采用两阶段最小二乘法模型处理内生性问题，上述结论也依然成立。本章的结论表明微观个体的非理性偏差对消费行为确实存在重要的影响，财富的高估增加了未来的预期收入，进而提高了边际消费倾向，从而证明非理性偏差对居民行为的实质性影响。

在本书第5章，我们深入挖掘估值偏误所隐含的过度自信，将关注点转为城镇居民的风险认知和风险投资问题。对真实价值的偏差在某种意义上描述了个体的过度自信程度，这种主观偏差的心理特点对决策者的投资行为有重要的作用。根据研究结果，我们认为，在我国目前的金融市场环境下，即便考虑了收入、家庭特征、户主特征等因素，过度自信的家庭偏向于更多地参与风险市场，这在一定程度上反映了微观个体的风险认知偏差。在经过内生性检验和多种稳健性检验后，结论依然成立。进一步的研究表明，过度自信与风险资产的正向关联源于个体的风险偏好差异，这一差异同时解释了为何过度自信这一心理特点引致了多样性的资产配置、更多的房产投资，并参与更多类别的风险资产投资。我们进一步发现了过度自信的个体投资策略更多地呈现非理性的特点，表现在单只股票的投资规模更集中、交易次数更频繁，却未带来更高的收益。基于研究结论，第6章认为进一步规范我国风险市场体系，推进数字经济的构建和完善，加强信息渠道的建设，尽可能地减少信息不对称问题的发生，对进一步推动我国完善金融市场，建立有序、透明的金融环境提供了重要的依据。

目　　录

第1章　绪论 ……………………………………………………………… 1

　1.1　研究背景及意义 ………………………………………………… 1

　1.2　研究目标与研究内容 …………………………………………… 6

　1.3　研究创新及不足 ……………………………………………… 13

第2章　理论发展动态与研究基础 …………………………………… 16

　2.1　基于生命周期理论的财富效应 ……………………………… 16

　2.2　从禀赋效应到财富估值偏误 ………………………………… 20

　2.3　估值偏误和认知偏差的外在表现 …………………………… 27

　2.4　家庭的行为特征 ……………………………………………… 37

　2.5　理论分析框架 ………………………………………………… 46

第3章　估值偏误影响家庭的负债决策吗? …………………………… 49

　3.1　引言及研究背景 ……………………………………………… 49

　3.2　文献述评及经验假说 ………………………………………… 52

　3.3　数据、变量和汇总统计信息 ………………………………… 56

　3.4　实证结果 ……………………………………………………… 61

　3.5　本章小结 ……………………………………………………… 77

第4章　估值偏误、财富幻觉与居民消费 ················ 79

　　4.1　引言及研究背景 ····························· 79

　　4.2　文献述评 ································· 82

　　4.3　数据选取、变量定义和描述统计 ··············· 89

　　4.4　经验假说及实证检验 ······················ 94

　　4.5　进一步讨论 ····························· 106

　　4.6　本章小结 ······························ 112

第5章　估值偏误、过度自信与家庭资产配置 ·········· 114

　　5.1　引言及研究背景 ···························· 114

　　5.2　文献述评及经验假说 ······················ 116

　　5.3　数据选取、变量定义和描述统计 ·············· 123

　　5.4　理论假说及实证检验 ······················ 130

　　5.5　稳健性检验 ····························· 137

　　5.6　进一步讨论 ····························· 145

　　5.7　本章小结 ······························ 154

第6章　结论性述评与研究展望 ················· 156

　　6.1　研究总结及述评 ·························· 156

　　6.2　未来展望 ······························ 158

部分参考文献 ···························· 160

后记 ································· 178

第 1 章

绪　　论

1.1　研究背景及意义

金融资产占比低、住房资产比重较高是我国居民家庭财富结构的明显特征（陈斌开和李涛，2011）。据中国家庭金融调查与研究中心 2011 年发布的报告，我国家庭资产结构中住房占比达到了 68%，北京、上海高达 85%。北京大学发布的《中国民生发展报告 2016》报告了类似的结果：2014 年，在全国家庭财产中，净房产价值占家庭总财产的比例高达 74.9%。在我国很多一二线城市，房价变动是居民财富波动的重要来源。诸多研究表明，家庭财富的变化显著影响我国居民的消费、储蓄和投资决策（况伟大，2011；谢洁玉等，2012）。就中国的经济特征而言，财富对消费、投资的影响渠道是多方面的，有分析认为财富通过满足家庭的再融资需求从而促进消费和投资（黄静和屠梅曾，2009），也有研究认为房价上涨所产生的正向预期抑制了居民消费（颜色和朱国钟，2013），更有文献基于家庭财富的属性差异，描述了财富效应的异质性（李涛和陈斌开，2014）。

基于微观调查探究财富对家庭负债行为、消费行为和投资决策的影响时，自我财富估值的偏误常常被忽略。研究者通常使用受访者对财富的自估价值分析家庭的借贷、消费或投资行为，而自估价值的准确性极大地影响分析结果的可靠性，如果受访者系统性地高估或低估自有资产，分析结果将存在明

1

显的偏差，这一特点往往被研究者所忽略。

限于住房资产的流动性较低，对于微观个体而言，一个重要特征是难以准确获取其价值信息：首先，相比金融资产而言，准确获知住房资产价值的成本更高。住房资产的价值由市场决定，市场价值通过买卖双方的交易得到实现，但由于实物资产的流动性差，大多数居民的交易经验十分有限，难以通过市场交易获取真实价值，并且各地区住房市场并无客观可比的房价指数，通过第三方进行估算的成本也极高。其次，价值估计包含了真实价值和因心理特征引起的估值偏误，由于"禀赋效应"（endowment effect）等心理偏误的存在（Kahneman et al.，1990；Thaler，1980），个体对自有住房易产生"敝帚自珍"的心理，导致自估价值不仅包括了资产实际价值，也含有非理性和心理成分的估值偏误。另外，居民对住房价值的"策略性"高估动机较强。在金融市场发展完善、消费信贷系统成熟的国家，个体为获取更多的抵押贷款进行消费，策略性高估资产的动机更加明显。

在我国，估值偏误的现象可能更加普遍，重新审视家庭借贷行为、消费行为和风险投资决策中非理性特点的作用因而显得十分重要。由于我国居民的房产占家庭资产比例高、房地产交易市场管制较多、价格信息不准确、个体投资者自身不够成熟、金融知识水平有限（Kiss et al.，2016；Puri and Robinson，2007；赵静梅和吴风云，2009）等因素，导致居民更加难以客观、准确地评估自有资产，进行资产估值时更易产生偏误，这反映了个人心理层面的认知偏差，导致估值偏误这一非理性特征的普遍性存在，促使我们需要重点审视我国居民的借贷行为、消费行为和投资决策中非理性特征的影响机理。

从家庭借贷的角度来看，随着我国家庭杠杆率的不断提高，学术界对家庭杠杆的研究也随之增加。大量证据表明，财产水平、社会关系、交易成本以及金融知识普及水平等都对家庭信贷获取有重要影响。但诸多研究忽略了以估值偏误为代表的心理偏误在信贷行为中的重要作用，目前我们还未能准确地了解居民的借贷行为是否以及如何随着非理性认知的变化而发生改变。

从家庭消费角度而言，"财富幻觉"等非理性特征是导致居民消费结构失衡的重要原因之一。提振消费、优化消费结构、消费升级一直以来是国家和学术界关注的重要问题。自 2000 年以来，虽然我国居民消费在质和量上整体有所提升，但也存在诸多问题：部分地区收入增长缓慢，居民的消费市场增长不足，居民消费率长期不高，并在近十年逐渐走低至 35% 左右；不同收入群体消费异质性大，导致同一产业内部供给结构差异明显，不利于产业的整体优化，出现消费的结构性失衡；由于消费领域狭窄，层次水平低，知识消费、体验消费等诸多领域有待拓展，生活服务消费多，非理性消费增加，精神文化消费在消费结构中占比偏低，导致消费结构的"质"与"量"不能更好地协调发展，产业结构优化升级难度大，经济发展存在一定的结构性问题（李涛和陈斌开，2014）。针对这些现象，经济领域从多角度进行了思考和探索，对提振我国居民消费、升级消费结构等进行了政策性建议，但这并未完全解释家庭消费中的结构失衡和非理性消费行为。上述问题依然存在，其中重要的原因在于，现有分析较少涉及微观层面的研究基础，忽略了居民消费决策同时受到以"财富幻觉"等为代表的非理性特征的影响，这些因素对于全面了解居民消费习惯和特征是必不可少的。

从家庭投资行为而言，识别影响居民投资决策的心理特征，有助于进一步了解居民的风险市场有限参与之谜，并深入认识居民的风险认知偏差。股市有限参与率之谜、投资过度集中、对本地股票偏好被认为是和传统金融理论不相符的三大问题（Korniotis and Kumar，2013）。以有限参与之谜为例，2013 年我国居民股市参与的比例仅为 9.3%，远低于美国（15%）、欧洲（23%）等发达国家（Xia et al.，2014）。近年来不断有研究探讨其背后的原因，从金融知识到金融可得性，从社会关系到社交网络，对风险市场参与都进行了详尽的分析，随着行为金融理论的不断发展和完善，从个体心理层面的非理性特征进行解释则成为此领域的重要内容。不仅如此，基于心理特征能够深入地探索居民投资决策的风险偏好，了解在不完美市场的环境下，"过度自信"等非理性偏误是否导致居民的风险认知行为存在偏差，是否导致非理性投资、过度交易等行为。

本书将基于估值中所产生的估值偏误探讨我国居民的家庭杠杆率提升、消费失衡问题和个体风险认知偏差问题。全面地分析并解决这些问题有助于促进研究者对我国居民借贷、消费和投资行为的了解，对于我们掌握居民在消费行为、储蓄习惯和投资决策中非理性因素的作用有着重要的理论意义。不仅如此，基于本书的研究成果，有针对性地完善居民信息获取渠道，减少因信息不对称产生的"财富幻觉""过度自信"等非理性因素，对于优化我国居民消费结构，升级产业结构，提高居民的风险认知能力，稳定居民杠杆率，加强宏观经济的稳定，进一步激发整体经济潜力，完善金融市场发展有着重要的实践意义。

首先，深入研究非理性的个人特征有助于我们认识宏观政策的微观基础是否存在非理性特点和系统性偏差。对居民行为的准确判断需要真实而客观的信息，居民对自我财富的掌握如果存在非理性的偏误，那么旨在优化消费结构、实现消费转型升级、提高居民风险认知等政策的效果和意义必将大打折扣。因此，认识我国居民的估值偏误特征，进而判断我国居民是否存在"财富幻觉""过度自信"等非理性特征成为一个重要的议题。如果个体的非理性特征是系统性存在的，居民的决策和行为是否受"财富幻觉""过度自信"的影响？如果是，这一影响从何种渠道、多大程度上产生作用？这类问题目前鲜有研究提及，本书对此问题进行系统的分析和判断。

其次，从心理特征出发探究家庭的负债行为，有助于深入理解房地产市场繁荣下的家庭高杠杆率，并为稳定宏观经济提供积极的政策引导。根据国家金融与发展实验室（NIFD）发布的《2020年度中国杠杆率报告》，受房地产市场繁荣的影响，近年来居民部门杠杆率大幅增加，房贷成为居民杠杆率上升最主要的原因。目前有丰富的研究基于居民收入水平、家庭人口年龄结构、宏观金融发展因素等角度探究家庭杠杆率的变化，但在市场信息传递不充分、居民非理性认知偏差普遍存在的背景下，从心理特征等角度出发的研究相对比较匮乏。源于心理认知偏差的估值偏误可能会加剧家庭的非理性借贷行为，从长远来看，这不仅增加了微观个体的违约风险，在房地产市场价格波动较大时，这一风险极易进一步放大到其他行业，进而影响宏观环境的平稳运行。从禀赋效应、非理性认知等心理因素出发认识居民的非理性借贷行为，对于认识我国宏观经济波动的微观基础，保证经济的平稳运行提供参考建议。

再其次，从微观层面探索非理性特征的诱因和影响，有助于理解我国居民的消费结构不合理和消费失衡的深层次原因。居民消费问题一直备受关注，探究拉动居民消费的研究也汗牛充栋，根据生命周期理论，家庭财富对于居民消费会产生重要的影响，家庭在消费决策时将财富/家庭永久收入在不同时期进行平滑，随着家庭财富的增加，消费水平在不同时期平滑后也相应地增加，这在我国大量的微观实证研究中均得到了验证。在我国，住房是构成家庭财富的主要部分，目前学术界讨论财富效应多从住房资产切入，探索房产价值的增加是否以及如何促进消费，由于住房的低流动性和住房所有者的高异质性等特征，自估财富不可避免地呈现估值偏误，但目前微观实证中普遍忽略了受访者对自有财富系统性的偏误，也相应忽略了财富效应中所含有的"财富幻觉"等特点，基于这一逻辑链条，可以清晰地认识到以下两点。

第一，家庭财富的积累不仅通过"财富效应"促进消费，而且可能产生"财富幻觉"而影响居民的消费习惯和消费结构，如果能从微观基础准确识别居民消费结构失衡的心理诱因和系统性偏差，对于我们更深入理解消费行为习惯和有针对性地制定政策，实现优化消费，消费结构升级有重要的价值和意义。

第二，认识"财富幻觉"的影响机制，有助于提振消费水平，优化居民消费结构，实现消费转型升级和解决不平衡不充分问题。在我国当前消费转型、产业升级、从投资拉动转向创新驱动的发展战略背景下，如何改善居民消费结构，从"质"和"量"提振我国居民消费成为一个重要议题，从消费者心理深入探讨居民消费失衡的角度，将有助于我们有针对性地制定改善居民消费行为的政策。

最后，研究心理特征对投资决策的影响，将为解释我国居民有限参与之谜，挖掘居民投资行为和认知偏差，进而为理解我国金融市场的微观基础运行提供重要的分析思路，并且对完善和丰富信息发布渠道，建立健康的风险市场有积极的政策启示。中国证券市场投资者以中小投资者为主，据深圳证券交易所发布的《2016 年个人投资者状况调查报告》，77% 的受访投资者证券账户资产量在 50 万元以下，而投资者的行为存在明显的非理性特征，对风险的认知存在一定的偏差，如交易频率、持股集中度普遍较高，过度集中持股、追涨杀跌等投资行为非常普遍，而这些偏差是投资者亏损的重要原因，但目前缺少丰富的实证研究分析我国居民的投资行为在多大程度上受心理因素的影响。在金融市场发展不完善、上市企业信息披露渠道不完整时，投资者对市场信息掌握不充分往往导致投资决策的偏误，而居民的过度自信等一系列心理特征可能导致投资者非理性行为，给我国建立健康有序的金融市场带来较大的阻碍，本书的研究将对完善和丰富信息发布渠道，建立健康的风险市场提供积极的政策启示。

1.2　研究目标与研究内容

1.2.1　研究目标

本书有如下两个主要的研究目标。

第一，基于行为经济理论，描述我国居民的估值偏误现状，深入挖掘我国居民"财富幻觉""过度自信"等特征事实。基于行为经济学、行为金融学，从理论上讨论导致居民出现估值偏误的心理特征，为后文进行理论和实证分析提供基础。由于描述个体心理特征对数据的要求较高，目前有全国代表性的微观调查并无专门模块询问个人心理特征，更多采用其他方式（间接代理指标、实验方法等）进行分析，因而本书将使用微观数据库，基于多种估值模型测量我国居民对自有资产价值的估值偏误程度，进而判断目前我国居民的"财富幻觉""过度自信"水平。

第二，构建估值偏误和家庭负债、家庭消费、投资决策关系的理论框架和实证模型，探究非理性估值偏误对居民消费和投资行为的影响和作用机制。这一目标由以下几个子目标所构成。

（1）构建理论分析框架。本书将基于行为经济学和行为金融学理论背景，构建和完善含有估值偏误的理论分析框架，对居民的行为偏差进行深入探讨，理解由估值偏误测度的"财富幻觉""过度自信"对居民负债、消费和风险投资影响的微观机制。

（2）系统而全面的实证检验。本书将基于估值偏误的特征事实和对居民负债、消费、投资行为影响的理论基础，全面使用国内微观数据库对这一理论机制进行实证检验，从居民的负债规模、消费水平、消费结构特征、消费习惯、风险市场参与、风险认知偏差等角度入手，讨论以估值偏误测度的"财富幻觉"和"过度自信"等非理性特点是否为导致居民负债、消费结构失衡和对风险认知产生系统性偏差的主要原因。

（3）分析影响机理和传导机制。基于估值偏误下消费结构失衡和风险认知偏误的实证基础，进一步讨论产生这一现象的传导机制，本书提出多种待检验的假说并判断其影响机理，从流动性约束、风险偏好差异等角度进行讨论。

（4）深入挖掘估值偏误对家庭消费习惯和投资策略的影响机制。如果估值偏误的产生是源于个体固有特征，那么它所反映的"财富幻觉""过度自信"等非理性特点对个人/家庭的日常生活和行为的其他方面也会产生影响，针对这点，本书主要从家庭的消费习惯和投资策略进行切入。

为了完成上述研究目标，本书有以下几个待解决的关键问题。

（1）挖掘居民普遍存在估值偏误的特征事实。本书的一个重要内容在于挖掘我国居民对自有财产普遍存在估值偏误的特征事实。由于本书所分析的"财富幻觉"和"过度自信"等非理性特征尚无系统性的理论方法和实证技巧帮助识别，因而本书首先结合行为经济学理论对居民是否存在"财富幻觉""过度自信"的特征事实进行识别，判断我国居民是否普遍存在非理性的心理特征。为了进行准确的识别，我们将全面地梳理行为经济学的理论知识，在已有消费者行为模型基础上进行改进和完善。

由于我们构造"财富幻觉""过度自信"等特征主要基于家庭估值偏误的测算，伴随而来的关键问题在于如何客观地反映家庭资产的真实价值。在资产估值中，资产的价值通常由市场决定，市场价值通过买卖双方的交易得到实现，如对住房真实价值的评估，可使用其所在社区同时期住房的市场交易价格作为参考指导，或使用房价指数为参考进行估算，或使用第三方机构客观的评估。但学术界常见的研究样本中，调研当年存在交易记录的观测值较少，不足以用于估算所有社区每套住房的价值；并且受限于数据的可得性和可行性，尚无客观的房价指数或者第三方评估用以参考。由于能否科学地衡量资产实际价值对于后续内容的开展显得十分关键，本书在研究过程中将从多角度对资产真实价值进行估计和评估，以期准确描述居民非理性的事实。

（2）构建估值偏误和居民负债行为、消费结构、风险认知的理论和实证模型。本书另一关键的问题在于如何准确地将"财富幻觉""过度自信"为代表的非理性特征纳入居民消费失衡和风险认知偏好的模型中。从直觉上判断，如果个人在评估自身财富时是以客观的标准进行评估，那么估值偏误将不复存在，也不存在"财富幻觉""过度自信"，对消费和投资行为并无明显影响；而如果系统性的高估是存在的，那么以基于自我评估的资产价值研究家庭财富对消费和投资的影响时，所得结果就包含资产真实价值所产生的"资产效应"和源于估值偏误所产生的"财富幻觉"——错误估计资产价值而对消费产生影响的非理性因素。在我国金融市场还有待进一步规范和完善，上市公司信息发布渠道还有待扩大透明度的背景下，个体投资者很容易根据所了解的局部信息做出积极的投资决策，即便这一决策和自己的风险承受能力并不相符。现有分析常用消费者行为模型和基于个人效用的资产配置模型，但估值偏误及财富幻觉等个体非理性特征，均未被纳入分析框架，使得现有模型的解释力度有限。因此，如何合理构建模型是本书亟待解决的关键问题。

从实证模型而言，本书的另一核心问题在于如何准确测量家庭的估值偏误、负债行为、消费结构失衡以及风险认知偏差。对家庭估值偏误的测量涉及实物资产估值的基本理论，如特征价格模型（hedonic model）和资本定价模型等，而选取合适方法衡量真实价值是构建本书核心指标的关键内容。同时，本书将广泛参考学界对家庭负债、消费结构和风险认知行为的定义，多领域、多角度地寻找合适的指标，并对居民的消费行为和投资行为进行客观的测量。

（3）实证模型的内生性问题。估值偏误与居民负债行为、消费结构选择、风险认知的实证关系可能存在严重的内生性。

一是存在遗漏变量问题。家庭的负债、消费、投资行为受家庭成员的能力、偏好、对未来的预期和不确定性等因素的影响，这些因素在常见的微观数据中难以准确量化，在模型中也难以控制，忽略这些因素将产生严重的遗漏变量问题，进而导致分析结果的准确性存在质疑。

二是可能存在逆向因果问题。消费水平越高的家庭，其他方面的消费水平也都偏高，如消费水平较高的家庭亦可能（有能力）在购房时选择价值更高、增值潜力更大的房产，进而导致住房资产的估值偏误可能更大。在市场行情较好的时期，参与风险市场的家庭，风险资产的增值导致个人容易出现过度自信等倾向，而易于观测到更明显的估值偏误问题，这都导致财富幻觉对负债、消费、投资行为影响存在质疑。

因此，本书将在前述问题的基础上，重点考虑如何解决潜在的内生性问题，确保理论的可靠性和实证结果的稳健性。

1.2.2 研究内容

诸多研究表明，家庭或者个人的借贷、消费和投资行为不仅在生命周期理论框架下和家庭财富、持久收入相关，同时受个人层面心理特征的影响，且主要是通过非理性预期和对自我认知的偏差等渠道传导的。在我国，居民住房资产在家庭财富中占比较高，我们首先基于丰富的微观数据库，从个人对自有资产的估值偏误判断个体系统的非理性偏差是否普遍存在。基于行为经济学理论，个人对商品的价值评价很大程度上取决于商品的所有权，即对自我商品的价值评估更高。如果存在这一偏差并且居民对自有资产的高估和低估没有被抵销，那么系统性的偏差以及"财富幻觉""过度自信"等非理性特点将是普遍存在的。我们基于此探究我国居民的估值偏误所描述的"财富幻觉""过度自信"是否影响家庭的借贷行为、消费行为和投资决策，是否为导致家庭消费结构失衡和风险认知存在偏差的重要原因。

1.2.2.1 从理论和实证上探究估值偏误如何影响家庭的负债行为

由于住房资产的物理特征存在显著差异，所处市场环境的发展程度不同，目前尚缺乏科学、统一的价格指数，同时由于信息获取渠道的单一性，居民对自有资产的价值认知偏误普遍存在，我们将在禀赋效应的框架下讨论估值偏误是否以及如何影响家庭的借贷行为。考虑到家庭债务的增加会降低资产的流动性，我们同时研究家庭的资产结构，分析非理性特征对居民在银行存款、现金和金融资产等资产上的配置行为。有研究认为非理性的估值偏误实际上是"理性"的，认为家庭高估其财富是其需要使用住房获得抵押贷款进行消费所导致的（Agarwal，2007）。基于此，我们进一步从增加家庭消费的角度讨论估值偏误对居民幸福感的影响。

在第 3 章，我们以同一社区的历史交易信息和住房规模评估真实的房屋价值，以访户自报的房屋价值和真实价值的差异率描述家庭的估值偏误，并用此指标解释家庭的负债行为，结果表明，家庭对自有财产认知的偏差显著增加了家庭的杠杆率，同时通过调整资产结构降低了家庭资产的流动性。考虑到这一关系存在潜在的内生性问题，一方面使用（有限的）重复观测个体构建固定效应模型消除不可观察的个体特征，另一方面使用工具变量进行两阶段最小二乘估计处理内生性问题，证实了基准回归结论的稳健性。为了从多角度评价资产真实价值，确保估值模型的准确性，本章使用特征价格模型（hedonic model）计算真实住房价值重新测量估计偏误，并控制了家庭对未来房价的预期，基准结果仍然稳健。进一步的，本章进行了异质性分析，根据家庭所处城市的金融发展差异、住房使用时间等角度进行分类回归，结果表明不同的金融发展程度影响杠杆结构，而住房使用权更长的家庭更多地高估住房价值。本章最后从家庭消费的角度切入，讨论非理性偏差作用于家庭成员的幸福感，通过构建 OLS 和 IV - Probit 模型，研究发现家庭增加的借贷用于消费进而提升了家庭成员的幸福感。

1. 2. 2. 2　构建理论及实证框架，深入研究"财富幻觉"对家庭的消费规模、消费结构的影响

在金融体系发展完善的国家，个体高估资产的重要目的在于获得消费信贷或再贷款，因而在数据上能直接观测到估值偏误和消费/信贷的关联，而在金融市场——尤其是消费信贷市场并不完善的国家，估值偏误的驱动更多源于心理因素所引致的禀赋效应。如果个人在感知自身财富时存在这一心理上的偏误，那么根据家庭自估资产价值研究财富对消费的影响，就应该同时包括了财富真实价值所产生的财富效应和估值偏误所产生的"财富幻觉"。

"财富幻觉"对家庭的影响是广泛的。如果估值偏误的产生是源于个体

固有特征，那么它所反映的非理性因素对个人/家庭的其他决策也会产生影响，其中之一即为家庭的储蓄和消费习惯。第 4 章的研究证明了"财富幻觉"对家庭消费有显著影响，在量和结构上都存在明显的促进作用。我们进一步从家庭所受流动性约束方面探究在收入没有显著提高的情况下，这种非理性心理所增加的消费的资金来源。从信贷需求而言，为了维持较高的非理性消费，家庭进行贷款融资，从信贷供给来看，如果家庭所处地区的金融环境较好，能够提供充足信贷，满足家庭的信贷需求，借贷的资金将用于维持更高的消费。除此之外，由于"财富幻觉"源于个体固有特征，消费习惯可能有所不同，本章将消费种类重新划分，更细化地讨论家庭消费行为，研究发现高估资产价值家庭的储蓄率更低，在即期消费和炫耀性消费方面的支出更高。

在实证方面，本章首先使用估值模型计算真实住房价值，并构造估值偏误变量探究"财富幻觉"对消费的影响，通过最小二乘法回归，在控制了家庭和个体的特征变量后，研究发现估值偏误指标每增加 10%，家庭消费水平增加约 1.4%。

考虑到潜在的遗漏变量和反向因果问题，本章使用了控制家庭历史消费的滞后模型、使用短期面板数据构造固定效应模型、使用访员的估值和社区其他访户的估值为工具变量的两阶段最小二乘法三种方法处理基本模型的内生性问题，发现"财富幻觉"对消费的正向关系仍然成立。

为了保证结论的稳健性，我们使用社区房价增长率、社区历史房价等多种方法测算住房真实价值，发现基准结果依然成立，居民对自有资产的"财富幻觉"导致更高的消费水平。我们进一步讨论了"财富幻觉"的传导机制，通过建立 Probit 模型，分析家庭的流动性约束，寻找"财富幻觉"作用于消费的渠道，研究发现家庭流动性约束的缓解是主要的传导机制。进一步的，研究同时发现"财富幻觉"改变了家庭成员的消费习惯，导致家庭的炫耀性消费有较多的增加。

1.2.2.3 构建理论框架和实证模型研究基于"过度自信"的非理性特征下居民的投资行为和投资策略

从居民投资的角度而言，针对美国、德国和新加坡的研究中，不少研究者通过实验数据，分析个人的心理特征对风险态度的影响，心理特征包含如"财富幻觉""过度自信"和过度乐观等因素，对于个人的风险态度有重要作用，进而影响家庭的金融决策。在进行投资决策时，区别于理性投资者，非理性特征明显的投资者可能对其掌握的信息更加敏感。无论是通过社会互动、信息传递渠道，还是关系渠道，对于风险资产收益信息的了解很可能导致其积极地参与风险市场；即便所获取的信息是错误的，也可能积极地付诸行动；即使投资策略超出了自己的风险承担能力，也可能积极地进行风险投资。本书第5章借鉴行为经济学的分析框架，研究居民心理层面的非理性特征对投资决策的影响。

个体的非理性特征是否对个人的投资策略同样存在显著影响？这类投资者对信息敏感，对自我能力的判断过高，对自我风险承担能力错误估计，往往基于其所获得的局部信息行动——即使是错误的信息也能引致更频繁的交易行为，在我国投资环境和金融市场的效率和透明度有待进一步改善的前提下，居民的交易行为对信息的敏感程度可能比较高，其交易行为的非理性特点可能较为显著，主要反映在投资的集中度和操作频率上。

本书第5章的研究表明，以过度自信为代表的非理性特征对解释个体参与风险市场的概率和深度有较强的解释力，同时影响家庭资产中风险资产和无风险资产的配置结构，我们认为这源于非理性投资者的风险偏好不同于理性投资者，即由于风险偏好在一定时期内稳定，如果差异性的风险偏好是影响投资行为的重要机制，过度自信对家庭投资风险资产的影响会持续地存在，最终产生差异性的资产结构。除此之外，研究发现非理性投资者对掌握的信息更敏感，引致其更积极地参与市场投资，而产生频繁交易、单只股票过度集中的特点。

实证方面，我们利用对真实价值主观估计的估值偏误捕捉个体的过度自信程度，同时使用股票市场参与和广义风险市场参与的虚拟变量测量风险市场投资行为。基于构造的 Probit 模型探究过度自信与风险市场参与概率的关系，基于 Tobit 模型探究过度自信与风险市场参与深度的关系。回归结果表明，过度自信不仅影响家庭是否参与风险市场的决策，同时影响风险资产的投资规模。为了缓解遗漏变量和反向因果问题，我们采用受访户的外貌和普通话能力作为过度自信的工具变量，引入 IV – Probit 和 IV – Tobit 模型进行极大似然估计后，上述结果依然成立。

为了保证结论的稳健性，本章进一步使用特征价格模型（hedonic model）和社区房价增长率模型估计住房真实价值，进行稳健性检验，核心结论依然成立。同时，考虑到个人认知能力、金融知识和金融可得性对投资决策所起的重要作用，而过度自信的个体很可能受到其认知水平、金融知识方面的影响，从而导致结论容易产生偏误，为了处理此类顾虑，我们在基准模型和工具变量模型中考虑上述因素，排除掉其影响后，主要结论依然成立。最后，考虑到过度自信的发生可能源于信息获取不足，而信息的获取程度同时影响个体风险投资行为，这将导致本章观点存在明显的偏误，为了处理这一顾虑，在本章的最后，我们在基准模型的基础上额外控制了受访者对家庭信息的掌握程度，研究发现本章观点依然成立。

1.3 研究创新及不足

本书的特色和创新之处主要体现在以下几个方面。

第一，紧密结合现实热点和学术难点问题。优化消费结构、升级消费结构、深化金融改革一直以来是国家和学术界关注的重要问题。自 2000 年以来，我国居民消费需求较低，居民消费率不高（近十年走低至 35% 左右），同时存在消费的结构性失衡、非理性消费行为普遍等问题。经济发展存在一定的结构性问题。不仅如此，我国居民风险市场参与的比例不高，家庭风险资产配置结构不合理，居民风险认知水平有待提高。虽然近年来不少研究从多角度进行了思考和探索，对提振我国居民消费、升级消费结构、合理配置居民风险资产等问题进行了政策性建议，国家也出台多项政策对其进行调控，但上述问题依然是现实的热点问题，也是学术界的难点问题，其中重要的原因在于，可能忽略了居民决策同时受到以"财富幻觉""过度自信"等为代表的非理性特征的影响，而这些因素对于全方位了解居民消费习惯、风险认知行为偏差是必不可少的。因而本书对此进行了创新的尝试。

第二，从更加科学的角度探索居民消费结构失衡和风险认知偏差的原因。近年来有诸多学者关注我国居民消费失衡、居民风险认知偏误的问题，也对其进行系统的研究，从财富、收入、金融知识、金融可得、社会关系等进行细致分析，但都未能获得满意的答案。随着行为经济理论的发展，从个人心理层面的非理性特征进行解释则成为此领域的重要内容，本书将从更加科学的角度，从个体行为的非理性特征对上述问题进行解释，在科学、规范的研究框架下进行系统分析，并且在行为经济学的理论框架下进行创新的尝试，清晰地理解并解决这些问题不仅能够促进研究者对居民行为的正确认识，同时对于我们准确掌握非理性因素在居民消费行为、储蓄习惯和投资决策中的作用有着重要意义。

第三，采用理论研究和实际应用相结合的分析范式。本书基于消费者行为理论和资产配置理论，描述居民非理性的消费和投资决策，阐述个体在进行决策时非理性特征的作用，本书充分运用基础理论的最新发展，同时使用有全国代表性的中国家庭金融调查数据对本书理论进行实证检验，全面检验家庭消费结构失衡和风险认知偏差的主导因素。

第四，充分体现学科交叉和融通性。本书跨领域的研究视角将行为经济理论和消费者行为理论结合起来，从微观个体的非理性特征出发，描述居民消费结构失衡和风险认知偏差，涵盖了消费者行为理论、居民风险资产配置理论、行为经济理论和行为金融理论，本书的研究将实现多个学科和方向的融合，是有别于传统研究局限于单个角度研究的创新尝试。

第五，较强的政策含义和现实意义。通过更加微观的角度对学术难点进行系统分析，有针对性地完善居民信息获取渠道，减少因信息不对称产生的"财富幻觉""过度自信"等非理性特点，对于优化我国居民消费结构，提高居民的风险认知能力，进一步激发整体经济潜力，完善金融市场发展有着重要的实践意义，对完善和丰富信息发布渠道，建立健康的风险市场有积极的政策启示。

需要注意的是，本书的研究同时存在诸多不足，有待后续研究继续完善，具体体现在以下几个方面。

第一，估值偏误指标的准确性有进一步提升的空间。在构建家庭对自有财富的估值偏误指标时，对测量资产实际价值的准确性有较高的要求，为了估计住房的真实价值，本书采取多种测算方法如特征价格模型（通过使用住房的物理特征、社区周边特征等因素描述各变量对于资产价值的贡献系数，从而能达到准确预测市场价值的目的）、社区房价增长率模型、社区住房成交信息、访员评估价值等。但是，这些测度方法都只是一定程度上的近似估计，不能代替房屋真实的市场价值。我们期待采用更可靠的房产价值数据进行深入研究。

第二，非理性特征如"财富幻觉""过度自信"所产生的影响可能是多维度的，本书的研究内容并未全面掌握非理性特征的影响。非理性特征对个体行为的影响不仅仅表现在家庭的消费、投资和借贷行为方面，同时可能影响家庭的其他决策。以家庭创业为例，在我国当前经济转型、产业升级、从投资拉动转向创新驱动的发展战略背景下，急需通过创业来为中国经济的发展注入新的活力，本书的研究证实了以"财富幻觉""过度自信"为代表的非理性特征对家庭的负债行为、消费结构、风险活动存在显著的影响，那么这一现象是否能进一步反映在家庭的创业行为上？这类非理性特征通过何种渠道影响家庭的创业决策？这是在未来研究中值得进一步讨论的问题。

第三，限于微观数据的影响，本书仅研究了估值偏误对家庭的消费、投资和借贷的短期影响，对于非理性特征所产生的长期效应缺乏系统的评估，这也将是后续研究需要进一步完善的地方。

第 2 章

理论发展动态与研究基础

本书研究所涉及的理论基础主要分为以下几个部分：基于生命周期理论的财富效应、基于禀赋效应的财富估值偏误、估值偏误和认知偏差的外在表现、家庭的行为特征等。

2.1 基于生命周期理论的财富效应

基于对已有文献的梳理，关于居民财富效应（the wealth effect）的研究相对成熟。根据 1992 年《新帕尔格雷夫经济学大辞典》的解释，财富效应指的是在其他条件相同的前提下，货币余额的变化会引起居民总消费的变动。财富效应最早是哈伯勒在 1939 年提出的概念，在研究非充分就业的均衡状况的可能途径时，他重点关注了市场中的货币财富，并指出在物价水平下降时，这种财富的实际价值会增加；货币财富的持有者通过支出较多的货币，来减少他们增加的实际货币余额，使得趋向于充分就业的总需求水平不断提高，结果在于物价水平可以诱致货币的财富效应（Haberler，1939）。庇古（Pigou，1943）在《就业与均衡》中也提出过类似的概念，描述了消费、金融资产和物价水平之间的理论关系，认为消费者的财富应该用实际价值而非名义价值来衡量。实际货币余额（M/P）是家庭财富的一部分（M 是名义货币供给量，P 代表物价水平），当一国经济进入衰退阶段，物价水平 P 下跌，在收入不变的情况下，人们的实际货币余额（M/P）增加，金融资产的实际值增加，购买力相应增加，进而增加家庭的消费支出，并进一步提升消费品的生产和增加就业，该效应也被称为哈伯勒—庇古效应。帕雷金（Patinkin，1956）在此基础上加以发展，利用 IS - LM 模型将实际余额效应与凯恩斯的利率效应进行对比，既考虑了价格水平对商品市场的影响，也考虑了其对货币市场的影响，得出价格总水平的降低将导致消费（商品和服务市场）和投资（债券市场）两者都增加的理论。

传统理论上的财富效应关注货币余额的变化。由于微观个体财富构成的多元性特征以及财富结构在时间维度上的动态演变，个人财富价值变动不仅仅源于货币余额的变化，财富效应的内涵也更为丰富，其他资产如股票、房地产等价格的变动同样可以引起财富水平的变动，后续关于财富效应的研究也逐步开始分析居民净资产（包括现金、银行存款、有价证券、股票、房地产等）的变化对居民消费需求的影响。消费函数是研究居民资产财富效应的重要基础，通过对居民的消费行为进行量化建模，分析财富效应的决定因素和动态变化，形成了经济学理论中重要的组成部分，其理论发展历程可以划分为如下四个主要阶段。

第一阶段发生在 20 世纪 30 年代中期至 50 年代中期，以绝对收入假说（Absolute Income Hypothesis，AIH）和相对收入假说（Relative Income Hypothesis，RIH）为代表，侧重考察现期收入与现期消费的影响。凯恩斯是消费函数理论的奠基者，1936 年他在《就业、利息和货币通论》中首先提出了绝对收入假说，认为现期收入的绝对水平决定了消费，同时平均消费倾向和边际消费倾向都会随着收入的增加而递减。随后关于消费的大部分研究侧重于对凯恩斯猜想的消费函数形式提供实证支持，并进行参数估计。其中通过运用时间序列估算消费函数有一定的影响力，如伊齐基尔（Ezekiel，1942）引入了收入变化率来修正可能的调整滞后，而史密斯（Smith，1945）则尝试加入趋势项。与此同时，库兹涅茨（Kuznets，1942）利用美国 1879 ~ 1938 年的时间序列数据分析，在短期内（比如一个经济周期内），边际消费倾向小于平均消费倾向；不同于凯恩斯的绝对收入理论，他发现在长期内，平均消费倾向并不随着收入的增加而减少，而是在 0.84 与 0.89 之间保持相对稳定，并且长期的消费倾向大于短期，这一库兹涅茨反论也被称作"消费函数之谜"，是 20 世纪经济学研究中非常有影响力的纯实证研究成果之一。杜森贝里（Duesenberry, 1949）在此基础上用"相对收入"及由此产生的"示范效应"和"棘轮效应"来改进和发展凯恩斯的消费函数理论，他认为绝对收入假说中的一些现实问题如经济周期也会影响短期消费，并且长期消费中消费与收入之间存在着一个固定的比例，其消费行为同时由相对其他人的收入和相对于自己的收入水平决定。由此解释了消费函数之谜。他批判了现有的尤其是基于时间序列估计的研究，认为这些估计是针对参数估计的，与基本假设检验无关；同时，当期收入不是正确的变量，回归消费对当期收入并不是一个合适的研究策略。

第二阶段发生在 20 世纪 50 年代中期至 70 年代中期，以莫迪利安尼提出的生命周期假说（Life Cycle Hypothesis, LCH）和弗里德曼提出的持久收入假说（Permanent Income Hypothesis, PIH）为标志。传统的消费函数研究基于新古典经济理论的研究框架，虽然引入了对预期收入、一生持久性收入的影响，但依然是基于确定性的分析方法，尽管杜森贝里提出了修正和完善，但仍然存在着许多问题。在此基础上，莫迪利安尼（Modigliani, 1954）提出生命周期假说，指出理性消费者的消费与储蓄不仅与现期收入有关，还会将其当期的消费与其一生的收入相联系，实现跨期最优配置和消费者效用最大化。弗里德曼（Friedman, 1957）进一步提出持久收入假说，将一生收入分为暂时性收入和持久性收入，从持久收入、持久消费、暂时收入、暂时消费的角度重新解释了收入与消费的长期均衡和短期波动关系，延拓了消费函数理论。在生命周期假说中，现期收入随生命周期发生系统性变化；在持久收入假说中，现期收入取决于随机、临时性的波动；二者都是基于预期收入和确定性分析进行考量，且模型有很多一致性推论，都能解释消费函数之谜，因此学术研究中常常将它们合并讨论，称作生命周期—持久收入假说（LC–PIH）。

第三阶段发生在 20 世纪 70 年代后期至 80 年代初期。受理性预期革命的影响，霍尔（Hall, 1978）将理性预期（Rational Expectation, RE）因素引入生命周期理论和持久收入假说，提出了随机游走假说（Random Walking Hypothesis, RWH），将消费理论从确定性条件推进到不确定性的环境下。霍尔（1978）认为在理性预期条件下，按照持久收入假说路径获取效用最大化的消费轨迹服从随机游走过程，只有当期消费有助于预测下一期消费，而收入的变化无法预测消费的变化，即如果消费者遵从持久收入假说并具有理性预期，那么只有未预期到的政策变动才会影响消费。

第四阶段发生在 20 世纪 80 年代至今。部分学者认为是不确定性导致计量模型失效并造成研究失误，而沿着新的思路，许多学者开始关注个体本身的不确定性。弗莱文（Flavin，1981）所发现消费的过度敏感性（excess sensitivity）、坎贝尔和迪顿（Campbell and Deaton，1989）所发现的消费的过度平滑性（excess smoothness）等共同对霍尔假说构成了有力的挑战，并因此衍生出大量新假说，如流动性约束（Liquidity Constraints，LC）假说、预防性储蓄（Precautionary Savings，PS）假说、损失厌恶（Loss Averse，LA）假说、λ 假说等。

消费函数理论在过去的几十年中蓬勃发展，不同的假说侧重点各有不同，使我们更加全面和客观地认识个体消费和消费结构。随着国家对居民消费问题重视度逐步提高，国内学者对消费函数在中国的适用性问题进行了深入研究。通过对文献的梳理，两类研究比较突出，一类研究将我国消费者的行为模式与各个模型的假说进行比对，寻找最匹配的函数形式：如廖成林和青雪梅（2005）采用 1978～2002 年的宏观消费与收入数据，运用协整理论，对中国宏观消费函数进行实证分析。他们发现我国居民消费和收入变化呈三阶单整，但在全样本区间并不存在协整关系，仅 1991 年后存在协整关系，并且认为二者存在长期的均衡关系。沈晓栋和赵卫亚（2005）将非参数估计理论引入回归模型，对模型进行检验后发现，非参数回归模型与传统的最小二乘线性回归模型相比有更高的精确度，同时通过研究消费支出与收入间的弹性和边际消费倾向的动态变化，对我国居民消费特征在时间维度上进行异质性刻画，发现由于我国还缺乏完善的社保体系，居民所面临的不确定性较高，我国居民在 1990 年后的边际消费倾向和收入弹性均呈现显著的下降趋势。另一类研究则是基于特定的函数形式，结合中国消费者的行为特点进行模型的改进与再设计：如余永定和李军（2000）分析了中国居民消费的"短视行为"，基于生命周期—持久收入假说从理论演绎的角度设计了适用于中国市场的理论模型，认为使居民产生通货膨胀预期是刺激消费的关键措施，而降息和提高工资作用有限；朱信凯（2005）基于过度敏感性假设的随机游走模型解析了谨慎度与农户消费的关系，强调农户的谨慎心理是影响其消费的重要解释变量，为进一步研究我国农村消费需求疲软的形成机制，制定有效的启动政策提供了新视角。

目前的研究大多认为生命周期—持久收入假说更符合中国当前的市场现状，可以成为建立消费函数的基础。但值得说明的是随着个体和经济体的动态变化，假说的适用性也会随之变化。因此，如何根据不同时期选择不同的消费函数，以及如何基于生命周期—持久收入假说进一步改进函数形式以适应市场变化是研究中所需重点关注的问题。

2.2　从禀赋效应到财富估值偏误

2.2.1　禀赋效应的定义及应用

禀赋效应（endowment effect）最早由塞勒（Thaler，1980）提出，隶属于行为经济学中的重要概念，通常是指当个人获得一件商品后，对该商品的价值评价明显高于获得该商品前的评价，即人们会对自己拥有的物品产生高估的评价。与传统经济学不同，行为经济学将行为分析与经济内在规律相结合，对传统经济学的理性人假设提出了挑战。在理性人假设下，从事经济活动的个体试图以最小的代价设法获取最大的收益，总是能合理地规避掉其他因素从而形成正确判断。但在行为经济的框架下，由于禀赋效应的存在，人们的价值评价基于所处状态的不同而产生差异。

塞勒（1980）在其文章中列举了几个例子来介绍禀赋效应，其中一个例子是，有人会拒绝以100美元向葡萄酒商出售其几年前以5美元购买的葡萄酒，但他对一瓶相同的葡萄酒所愿意支付的最高价格不超过35美元。基于机会成本的角度，持有葡萄酒的人向酒商出售这瓶酒的收益构成了这瓶葡萄酒的机会成本，而此人用于购买葡萄酒所愿意支付的最高价格为实付成本，对于此人来说，机会成本是一种放弃收益的行为，而实付成本则是一种造成损失的行为，根据损失厌恶理论（Kahneman and Tversky，1979），人们相比于获得一笔财富的快乐更在乎损失一笔财富的痛苦，因而会给予实付成本更大的权重。所以相比而言，机会成本的权重降低了，塞勒（1980）将这种机会成本权重的降低称为禀赋效应。

塞勒（1980）虽然给出了禀赋效应的概念，并给出了许多例子尝试说明它的存在，但是这篇文章并没有给出数据支撑这一假说。在此后，大量的研究对此进行了实验并证实了这一结论，其中一个代表性的实验是卡尼曼等（Kahneman et al.，1990）描述的咖啡杯实验。他们尝试证明参与者对某一商品所愿意支付的最大价格（Willingness to Pay，WTP）会小于他愿意接受的这一商品的最低售出价格（Willingness to Accept，WTA）。他们为此设计了这样一个实验：实验参与者们被分为三组，第一组参与者们都被给予一个咖啡杯，作为潜在卖者，第二组参与者作为参照组不给予任何物品，第三组参与者拥有挑选咖啡杯或者等于其定价的现金的权利。结果发现，第一组对咖啡杯的价值评价为 7.12 美元，这是他们的最低售出价格，第二组对咖啡杯的评价为 2.87 美元，这是他们的最高意愿购买价格，而第三组的评价为 3.12 美元。这一结果符合禀赋效应的预期，即咖啡杯拥有者会对自己拥有的咖啡杯价值评价高于拥有它之前的评价。其他对禀赋效应进行证明的实验，基本的思路都是把受试者进行分组，一组给予可用于交易的物品作为潜在的卖方，一组给予现金作为买方，然后设置一定的规则诱导受试者们给出真实的评价。经过大量的实验研究并进行证实，禀赋效应如今已成为经济学中基本达成共识的概念。

虽然禀赋效应的存在已成为学界共识，但其形成机制却存在着不同的解释，除了用损失厌恶（Kahneman et al.，1990）来解释之外，还有一种比较普遍的解释是雷丁（Radin，1982）提出的财产分类理论，他指出财产可以分为人格财产（personal property）和可替代财产（fungible property），其中人格财产是一种具有人格利益的特殊财产，这种财产的损失难以用准确的价值衡量，反之可替代财产的损失可以用货币进行弥补。因而存在禀赋效应的物品中，这些物品不再是单纯的可替代财产，拥有者会将物品与自己的情感相联系，这些物品就成为拥有者的人格财产之一。例如，一些宠物在主人购买之前，只是贴着标价的商品，但一旦主人购买之后，与宠物之间产生的感情使得这些宠物变得难以替代，进而主人对宠物的评价往往会高于他们拥有之前的评价，这些评价的一部分是无法用金钱确切衡量的，正是由此产生了禀赋效应。

近些年来，基于禀赋效应的概念框架，诸多领域发展出了丰富的研究成果，李湛和阳建辉（2019）在研究分析师的市场综合影响力时发现情绪溢价和禀赋效应起到了重要作用，结论显示在5%的显著性水平下，禀赋效应会显著影响分析师的市场声誉，并且相较于情绪溢价，禀赋效应的作用相对更加稳定。牛小凡与杨玉珍（2020）将禀赋效应理论应用到宅基地要素市场之中，测度了宅基地禀赋效应的大小并分析其影响因素，研究结果表明，宅基地拥有者的主观特征与宅基地的客观特征均会影响宅基地的禀赋效应，这一发现为宅基地使用权流转市场的要素合理配置提供了政策依据。王雨格等（2021）在研究公益林区林地流转问题时探讨了产权强度通过农户禀赋效应与安全感知影响林地流转行为的路径，其研究发现，产权强度能显著增加农户禀赋效应，而禀赋效应的增加使得农户高估土地流转的价格，从而阻碍了林地流转行为的发生。

2.2.2　普遍存在的财富估值偏误

在现有研究中，对家庭财富效应的研究依赖于微观个体对自有财富的估值，但诸多研究忽略了一个重要的行为经济学事实——禀赋效应的存在导致财富估值的偏误。由于住房资产通常构成了家庭最主要的资产，住房价值的估值偏误往往是研究中所关注的重点。通常意义的住房价值估计偏误，是指住房的估计价值与住房实际的市场价值的偏差，房主购买住房后，由于禀赋效应、信息获取策略性高估等特点，无法准确估计或报告住房的真实价值（Corradin et al.，2017）。早在20世纪50年代，基什和兰辛（Kish and Lansing，1954）就发现了该现象，在美国1950年的消费者财务调查中，人们被要求评估自有住房的价值，并将其与美国房地产估价师协会、联邦住房管理局等机构的客观评估进行比对，最终发现人们对自有住房价值普遍存在估计偏误的现象；随后罗宾斯和韦斯特（Robins and West，1977）也发现房主和专业评估人员对住房价值的评价存在较大的差异；古德曼和伊特纳（Goodman and Ittner，1992）首次利用全国样本，通过比较房主对住房的估值和随后的销售价格，说明房主的估计价格和市场价格存在偏差，由于其研究并不局限于本地市场，其研究的结论更具有一般代表性。

从对已有文献进行梳理来看，对自有资产的估值偏误是普遍存在的，在各个国家都已被证实，并且偏误的异质性比较明显。从家庭微观层面对财富效应的研究依赖于受访者对于资产价值的估计，但由于住房资产流动性较差，个体难以及时地通过市场交易获知实际价值，导致自估房产价值存在较高的测量误差（Kish and Lansing，1954；Kain and Quigley，1972；Goodman and Ittner，1992；Kiel and Zabel，1999）。通常而言，住户对自有住房资产价值存在3%~13%的高估（Agarwal，2007；Benítez - Silva et al.，2015）。例如，阿加瓦尔（Agarwal，2007）比较了美国81000户家庭和金融机构对住房的估值差异，认为家庭存在3.1%的高估；贝尼特斯·席尔瓦等（Benítez - Silva et al.，2015）使用美国健康与退休研究（Health and Retirement Study）和美国住房调查（American Housing Survey）的数据，发现排除了测量误差的因素后，美国住户对自有资产价值普遍存在3.4%~12.7%的高估。荷兰、澳大利亚、墨西哥使用不同的数据和计量方法的相关研究都证明了估值偏误的存在（Cruijsen et al.，2014；Windsor et al.，2015；Melser，2013；Gonzalez - Navarro and Quintana - Domeque，2009）。

估值偏误这一非理性特征不仅仅体现在个体对私有住房的价值评估上，对商业地产价值的评估同样存在类似的偏误。格拉夫和杨（Graff and Young，1999）提出，在传统的研究中，受限于数据的约束，学者无法直接获取商业地产的评估数据，从而使用住宅建筑的评估系统估计商业地产的价值。但是由于商业地产和住宅建筑的使用目的不同——机构购买商业地产主要是为了获取现金流，而住宅建筑主要是为了满足人们生活需要，因此使用特征价格模型对商业地产和住宅建筑的价值进行估计时涉及明显不同的参数，而且商业地产的特征比住宅建筑更统一，这导致基于住宅建筑的特征评估商业地产存在明显的偏差——非随机误差。由此看来，商业地产评估的误差有随机评估误差和非随机评估误差，之后由德意志银行旗下的房地产基金管理机构RREEF 基金聘请的估价师测算出了商业地产非随机评估误差的大小。

不仅如此，有研究结论认为代理成本是非随机误差的来源。亨德绍特和凯恩（Hendershott and Kane, 1995）在研究 RN 房地产指数（Russel – NC-REIF Property Index）时发现非随机误差源于评估师在价格波动中倾向于保持稳定，以及投资经理的过度代理成本激励评估师在下降的市场中保持估值稳定，同时反映了在房地产周期的不同阶段，房产特点的系统性差异带来了估值的扭曲。格拉夫和韦伯（Graff and Webb, 1997）认为，市场低效最主要的原因是代理成本较高，在交易价格中隐藏的代理成本使非随机成分带入了评估误差，从而在投资回报中保持绩效持续性。迪亚兹（Diaz, 1997）利用某州一块未开发的工地进行对照实验，通过将对了解工地以前状况的专家和不了解的专家进行分组，并对比他们的评估结果，发现两组评估对于随机评估误差的标准差十分接近。迪亚兹和沃尔弗顿（Diaz and Wolverton, 1998）对一处公寓进行评估，结果再次表明随机评估误差的标准差接近，但是当第一组评估师在相隔一段时间后再次对此进行估计时，结果存在明显的不一致，这证实了同一评估师近期重新评估的锚定效应。由于两次实验所估计的房产在租期、住户信贷方面存在差异，因此也证明了租期长短和信贷等因素对随机评估误差会产生影响。

描述住房的估值偏误依赖于住房真实价值的估值，多样性的估值方法决定了对估值偏误特征进行描述时存在明显的差异，自学者认识到以禀赋效应为驱动的估值偏误存在以来，诸多研究致力于找到合适的住房价值评估指标。早在 20 世纪 60 年代，贝利等（Bailey et al., 1963）提出了重复销售法进行测量，通过统计同一套住宅重复的销售价值，计算住房的真实价值，为了控制房产质量随着时间推移而产生的偏差，创新性地提出了利用回归消除质量差异的方法，创造了基于给定房产重复销售价格的相关价格组合回归方法，这种方法的优点是能够基于同一处房地产的价格变化运行，控制房地产异质性。凯斯和席勒（Case and Shiller, 1987）以住房出售的时间长短为权重，在此基础上提出了一种加权重复销售方法对住房价值进行估计。除此之外，也有研究从另一个角度，完全依赖已公布的人口普查区域数据来构建住房指数，凯茵和奎格利（Kain and Quigley，1970）通过配套的系列住宅服务完善个人住宅单位的信息，弥补了前人研究的不足，尤其是使用更加完备的住房交易普查数据解决评估物理和环境质量的问题，构建了更加完善的住房指数。比较广泛使用的特征价格指数是指通过确定住房的各种构成特征（如住房面积、地段和建造质量等）的价值来确定住房价格的方法。当然，这种方法能否准确估计住房价值，取决于能否准确观察到住房的实际特征。进一步的，将观察到的住房价格分解，由特征价格、折旧指数以及质量变化组成，满足了大多数人对使用价格指数的需求（Chinloy，1977）。

从估值偏误的诱因来看，目前学界尚未形成一致的观点，比较流行的观点认为禀赋效应是形成个体估值偏误的重要原因。当个人持有某项物品时，其对物品的评价要高于未拥有时的评价（Kahneman et al.，1990；Thaler，1980）。这种非理性的行为往往是由于人们的损失厌恶等深层次因素所导致，将会引发市场效率的损失，其他相关研究也提供了类似观点（Franciosi et al.，1996；Plott and Zeiler，2007），但并无客观的可量化标准对上述理论进行验证。

也有研究认为估值偏误源于个体可观测特征。阿迪加尔（2007）基于美国的家庭微观调查数据发现了一种看似"理性"的估值偏误，认为家庭高估其财富是因为需要使用住房获得抵押贷款从而进行消费。冈萨雷斯·纳瓦罗和昆塔纳·多梅克（Gonzalez - Navarro and Quintana - Domeque，2009）的研究发现家庭居住的时间长短是影响个体对住房价值判断的重要因素：居住时间越长，越易高估其房产价值，而那些新入住家庭（不到两年）能更准确地判断其住房的真实价值，这一点在对墨西哥和美国的研究中均得到了证实。库兹曼科和蒂明斯（Kuzmenko and Timmins，2011）从获取信息的角度阐述其中的影响机制，认为及时获知市场信息是影响价值评估准确性的重要因素；同时，梅尔瑟（Melser，2013）使用澳大利亚的数据分析后发现，估计偏误和户主的年龄、房屋的大小等因素相关。舒和佩克（Shu and Peck，2011）发现，个体的情感依赖在此起了很大作用，卖家持有住房资产的时间长于买家，因此情感依赖更强，更容易对住房造成估值偏误，并且长期持有住房的卖家比短期持有的售价更高。

近期的研究对这两类观点进行了综合。克鲁伊森等（Cruijsen et al.，2014）认为其中的原因既包括了感情因素，也含有住房等物理特征因素。长期居住对住房的感情不断加深即"敝帚自珍"，而且住房的物理特征更能匹配个人的需求，导致其更高的价值评估。基于对荷兰的微观数据进行分析后他们发现，许多房主对自有住房未来的价格持乐观态度，而其原因可以从厌恶损失和禀赋效应角度来解释；同时，个人的搬迁计划、是否熟知家庭财务等因素显著影响其对住房实际价值的判断，并且教育程度、性别、损失厌恶等个体特征也起着重要作用。

家庭所处外部环境也起着重要的作用。杰内索夫和梅耶尔（Genesove and Mayer，2001）通过分析繁荣时期及萧条时期的波士顿市中心房产数据后发现，虽然买方和卖方在住房市场中都会表现出损失厌恶，但是卖方表现更加明显，尤其是受到损失的卖家比没有受到损失的卖家更敏感，这一点与前景理论下卖家在相同规模的收益中对风险的敏感度是一致的。贝尼特斯·席尔瓦等（2015）发现经济周期对于家庭准确估值有显著的影响，在买方市场购房的家庭如果在经济繁荣时期出售，那么更易低估其住房资产；亨利克斯（Henriques，2013）通过比较住户对资产价值的汇报和房屋价格指数的变化差异，认为在房地产市场繁荣时期，访户对房价增速的估计明显高于房价指数，而在房市衰退时期，访户对房价增速的估计仅略微低于房价指数，意味着个体对经济环境的感知直接影响其估值判断。综合来看，非理性的心理偏误是个体产生估值偏误的重要驱动因素之一。当然有时候住房市场会出现一些不同寻常的现象，皮亚泽西（Piazzesi，2009）发现在住房价值估计领域，平均房价有时候会出现反周期现象，即在房地产繁荣、房价高涨时期，买房者会低估住房价值，房地产低迷时期，买房者会高估住房价值。

也有观点认为估值偏误的存在是个体持续性的特征。科拉丁等（Corradin et al.，2017）认为对自有住房价值高估的房主会持续高估其价值，对自有住房价值低估的房主将持续低估，大概 6 ~ 7 年后这种估计偏误会逐渐趋近于零。库兹曼科和蒂明斯（2011）认为长期持有住房的房主没有动机持续了解当前房价，因此估计偏误的特点会成为个体的固定特征。

2.3　估值偏误和认知偏差的外在表现

普遍存在的估值偏误对家庭和个人行为产生了显著的影响。已有研究从债务违约、购房选择、股票投资、非住房消费、负债行为等角度深入讨论了估值偏误所产生的影响。从行为经济学的角度来看，认知偏差在个人特征上，可能通过"财富幻觉"和"过度自信"等非理性行为所反映。

2.3.1　"财富幻觉"的定义及其影响

广义而言，"财富幻觉"（wealth illusion）可以定义为人们高估自己的借贷能力或波动性的预期收入，而产生比以前更富裕的主观感觉，由此引发过度消费的冲动，并在实际生活中增加支出。范宝舟（2016）从经济哲学、社会哲学的视角对财富问题进行解读，认为财富幻象是指人们脱离财富的物质实体构成、财富生成的社会历史关系和财富的属性本质，在主观上通过感觉、意念、联想和想象路径，形成的关于财富存在的假象、错觉乃至幻觉意象。对西方表征主义哲学传统关于真理世界与表象世界的区分标准常作为财富幻觉范畴的界定，并以多维视域下财富内涵历史演变的深入解读为基础。在资本逻辑下，现有文献中主要从货币幻觉的维度解读财富幻象。

从经济学的发展脉络来看，货币幻觉（money illusion）是经济学中最早涉及财富幻觉的概念。欧文·费雪从货币购买力的经济学角度探讨财富及其幻象问题，他指出，"货币幻觉"是指人们只重视货币的名义价值，而忽视其实际购买力变化的一种心理错觉。里昂惕夫（Leontief, 1936）的定义更为正式，他认为，如果所有名义价格中的需求和供给函数都是同质的，那么就不存在货币幻觉，意味着异质性的需求和供给函数将产生货币幻觉。帕廷金（1965）将货币幻觉定义为任何偏离"真实"决策的行为，他写道：如果一个人对商品的过度需求函数不完全依赖于相对价格和真实财富，那么他就会被认为是遭受了这种幻觉的折磨。费舍尔和莫迪利安尼（Fischer and Modigliani，1978）认识到如果存在通货膨胀，名义会计方法将会影响决策，于是产生货币错觉的现象。此外，随着相对价格的变化，即使在没有通货膨胀的情况下，过去的名义价值也将使个体产生货币错觉。布兰逊和克莱沃里克（Branson and Klevorick，1969）构建了以下三种消费者行为模型：（1）仅存在纯预期机制；（2）仅存在短期货币幻觉；（3）某些预期机制和货币幻觉的组合存在。通过对以上三种模型进行模拟实验，发现研究结果与结合价格预期机制的货币幻觉效应模型是一致的，从而证明消费者确实存在某种程度的货币幻觉。在此基础上，沙菲尔（Shafir，1997）研究了名义价值变化对人们对货币交易评估、个体经济决策的影响。常见的观点认为，消除货币幻觉、恢复理性行为的根本在于消除通货膨胀。然而，由于货币幻觉影响了个体对名义价格和工资削减本身的反应，货币幻觉的影响很可能延伸至非通胀环境。对个人决策的研究表明，系统的偏离理性，超越了对通胀的反应，并可能与货币幻觉相互作用。科恩等（Cohen et al.，2005）通过使用横截面数据分析，发现股票市场的投资者也在遭受一种特殊形式的货币错觉，即不正确地用名义贴现率折现实际现金流。不仅如此，住房通常作为家庭最大的单项资产，而个体对其评估也受到货币幻觉的影响。布鲁纳梅尔和茱莉亚（Brunnermeier and Julliard，2008）认为货币幻觉使人们无法正确区分由实际基本面变化而引起的名义价值变化和仅仅由通货膨胀引起的变化，分析表明，在人们容易产生货币幻觉的情况下，通货膨胀的降低会导致房价大幅上涨。

　　"财富幻觉"和货币幻觉的相似之处在于其均源于货币形态，且都是对个人资产和收入的错误判断，并对个体的行为产生类似的影响。随着2008年美国金融危机的爆发，国内外学者从广泛的角度反思财富的本质、财富幻觉的产生以及金融危机深层原因等问题，同时审视家庭消费行为和风险投资决策中"财富幻觉"的作用也是学术研究的焦点。例如，杨娟（2017）从探讨作为反思对象的财富范畴入手，证明马克思的历史唯物主义财富观在当代的重要时代意义，揭示财富幻觉隐蔽的虚拟财富本质及其与真实财富之间的关系，对财富幻象进行深层本体论的解读，考察财富幻象生成的现实状况和影响。吴晓霖等（2016）构建了一个包含资本主义精神和财富幻觉的效用函数，基于该效用函数研究了投资者的跨期消费、资产配置和资产定价问题，建立了通货膨胀影响投资者行为和资产定价的新机制。

2.3.2 "过度自信"的广泛性影响

2.3.2.1 过度自信的定义和诱因

从过度自信的定义来看，个人的过度自信是很普遍的现象。研究者在物理学家、护士、投资银行家、工程师、企业家、管理人员等身上都观测到了一定程度的过度自信。摩尔和希利（Moore and Healy，2008）将过度自信总结为三种定义：过高估计（over-estimation）、过高定位（over-placement）和过高精确（over-precision）。第一种定义为个体高估自己的实际能力、表现、控制力或成功的概率，如果一个学生参加了 10 个问题的测试，他认为自己答对了 5 个问题，而实际上他只答对了 3 个问题，那么他高估了自己的分数，即产生了过高估计（over-estimation）。当人们认为自己能力、表现等比别人好时，就会出现第二种过度自信——过高定位（over-placement）：如一个学生认为她的分数是班上最好的（而事实上，班上有一半的学生比她的成绩好），那么她就过高定位了她相对于其他同学的分数。过度自信的第三种定义——过高精确（over-precision），表现为对个人信念的准确性过于肯定，例如，如果 100 个学生中至少 90% 的人确信他们在 10 项测验中得分不低于 5分，但事实上，他们中只有 20% 的人得分超过 5 分，那么他们的判断就会显示出过高精确。

过度自信的诱因多样化且复杂。比较流行的观点认为，自我归因偏见的认知过程是支持过度自信产生的原因，在这种认知过程中，人们将过去的成功归功于自己的天赋和能力，而将失败归咎于运气不好（Daniel and Hirshleifer，2015）。与此同时，常见的观点认为性别、年龄、职业、受教育程度等诸多因素都会对个体过度自信程度产生影响。从性别视角来看，已有研究普遍发现相较于女性，男性过度自信程度更高，具体表现在对自己成绩、投资收益率、管理能力等各方面都存在过高的评价（Dahlbom and Jakobsson，2011；Bengtsson et al.，2005）。达尔布姆等（Dahlbom et al.，2011）在其实验中，让 14 岁的中学生估计自己在一周后的数学测试中会得到多少分，再将这些结果与他们的实际成绩进行比较，以此衡量学生们的过度自信程度。结果表明男孩对自己的成绩过于自信，而女孩则不自信。本特森等（Bengtsson et al.，2005）使用斯德哥尔摩大学（Stockholm University）的大量考试数据进行研究，同样发现考试行为是存在性别差异的——男生比女生更倾向于争取更高的分数。斯德哥尔摩大学第一年的经济学课程考试分为三个等级：非常好（VG），通过（P），不及格（F）。对于只想要及格的同学而言，只需要在试卷的前4个题目中都得到P等级的成绩就可以实现，而想获得非常好的成绩，则需要在前4题都是VG的基础上还要正确完成第5题。由于考试中学生并不知道自己的实际得分，因此是否要做第5题就存在自我评估。本特森等（Bengtsson et al.，2005）利用这一机制，发现在有1~4题都得到VG的女生中，有83.8%回答了问题5，而男生的回答率为87.1%，也就是说合格的女性比合格的男性更不倾向于回答问题5。

过度自信的性别差异同样在资本市场中得到了验证。杨和朱（Yang and Zhu，2016）设计了一个实验性的资本市场，研究在信息对称条件下过度自信对交易活动的影响。研究发现在过高定位方面，相比女性而言，男性普遍认为自己的投资收益率能够超过半数的其他投资者。达昆托（D'Acunto，2015）也采用了实验的方法，证明过度自信会让男性承担更多风险，投入更多，并且这种影响对年龄较大的男性群体更为显著。在此基础上，特雷霍斯等（Trejos et al.，2019）开发了一个模拟股票市场的微观世界，其中参与者在一系列时期内做出投资决策。通过定量技术基于实验数据，将交易结果与投资者的个体特征相联系。分析结果表明，性别对过度自信有显著影响，具体而言，男性过度自信的概率是女性过度自信概率的8.45倍。

此外，进一步的研究发现过度自信也存在年龄上的差异性。比如，在自我评价中，年龄较小的学生更容易由于性别差异而产生过度自信。布鲁因德布鲁纳等（Bruine de Bruin et al.，2012）基于经验检验并控制人口统计学变量后发现，年龄的增长降低了个体的过度自信程度。然而，克劳福德和斯坦科夫（Crawford and Stankov，1996）对97名年龄在17岁到85岁之间的受试者进行了流动智力、结晶智力、短期记忆和知觉辨别能力的测试，结果显示年长的受试者与年轻的受试者相比，表现出一致的过度自信倾向。普里姆斯和摩尔（Prims and Moore，2017）通过问卷调查数据也发现，与年轻人更过于自信的刻板印象相反，几乎没有证据表明过高估计一个人的表现或相对于其他人的表现的过高定位与年龄有关。相反，结果表明，过高自信随着年龄的增长而增加，其中可能的原因是老年人更多的经验与错误不仅没削弱他们的信心，反而使他们更有可能相信自己知道真相。

受教育程度对个体过度自信程度是否存在影响目前还未得到统一结论。在早期的研究中，人们认为高学历减少了过度自信的行为。李奇汀斯坦和费施霍夫（Lichtenstein and Fischhoff，1977）的研究发现，教育水平的高低会对人们的决策过程产生影响，人们的教育水平越高，其在作决策时的过度自信行为就越少。其中原因可能是教育水平越高的人在作决策时，越可能从多方面收集信息，从而帮助个体更准确地进行决策。因而，持有这一观点的学者普遍认为学历的增加会弱化个体的过度自信行为（何邓娇，2018）。但随着研究的推进，诸多研究却发现教育带来了更多的过度自信。芬科斯坦（Finkelstein，1992）研究发现教育背景的优势使个体相信自身在应对信息处理、环境变化和形势判断上拥有更强的能力，并愿意为此承担风险以控制更多资源。由于受教育经历需要通过考试竞争获取，高学历意味着个体青少年时期在重要的选拔性考试中取得不俗的表现，而这可能会让他们形成一种不惧任何挑战的信念。这种经历和信念会使其在日后的工作中表现出过度自信。在实证研究方面，徐纯正和王永海（2019）以 2012～2017 年我国沪深 A 股上市公司为样本进行分析，实证结果显示：学历与过度自信正相关，学历越高的公司决策者越容易表现出过度自信；同时，是否毕业于重点院校与过度自信同样正相关：毕业于重点院校的公司决策者更容易表现出过度自信。

2.3.2.2 投资者和管理者的过度自信行为

传统金融理论认为参与风险市场的个体所做出的决策都是合乎理性的，然而实际上大量风险市场参与者表现出频繁交易、过度集中持股、追涨杀跌等与金融理论假设不符的行为，因此从心理层面研究投资者行为逐渐成为金融研究的焦点。

过度自信对金融市场影响的研究主要集中在股票交易量方面。奥登

（Odean，1998）认为交易量的变化可用于检验过度自信理论。由于过度自信交易者对抽象的统计信息反应不足、低估了样本大小的重要性、低估了相关数据的权重，而对突出的、引人注目的信息反应过度，高估案例、轶事、其私人信息的精确程度，从而频繁交易，进而提高了交易量。阿布鲁和门德斯（Abreu and Mendes，2012）在上述研究基础上进一步证实了信息来源与交易活动有关，并发现过度自信确实影响了交易频率与信息投资之间的关系，个人投资者越是频繁地投资于信息，他们交易的金融产品就越多。进一步研究发现，信息投资与金融资产交易强度之间的强而正的关系对投资者使用的信息来源很敏感，而且这种影响对于过度自信和非过度自信的投资者是具有异质性的：过度自信的投资者通过朋友和家人收集信息时，交易频率会降低；而非过度自信的投资者通过专门的信息来源进行交易时，交易频率会更高。此外，过度自信和非过度自信的投资者并不依赖于相同的信息来源。虽然非过度自信的投资者在听取家人和朋友的建议时也会减少交易，但当他们从银行或客户经理或非专业媒体获得建议时，交易的频率却不同于过度自信的投资者。

贾维斯和奥登（Gervais and Odean，2001）同时也提出模型描述过度自信的动态形成过程。在交易初期，投资者并不知道自己的能力水平，他们只能根据后续的投资收益评估自己的能力水平。投资收益取决于投资者的自身能力和运气两个因素。在自我能力评估时，投资者往往将成功归因于自我能力，而将失败归因于运气。因此，好的收益往往使得投资者变得更加自信，从而在随后的交易当中更加积极，也就是说前期收益对投资者的交易频率能产生正向影响。斯塔特曼等（Statman et al.，2003）使用计量方法检验了贾维斯和奥登（Gervais and Odean，2001）的过度自信模型的实证有效性——市场收益使过度自信的投资者在随后的时期内交易更频繁，即高市场回报之后是高市场交易量，这种联系解释了为什么股票市场交易量在高回报后会增加（Daniel and Hirshleifer，2015）。类似的，庄和苏斯梅尔（Chuang and Susmel，2011）使用中国台湾地区的数据，证明个人投资者比机构投资者更过度自信。具体表现为个人和机构投资者在牛市、上涨市场状态、上升市场状态和低波动性市场状态的市场上涨之后，交易更加积极，但个人投资者在市场上涨后更多交易风险较高的证券。更重要的是，与机构投资者相比，个人投资者在高波动性的市场状态下，在市场上涨后交易也更积极。

王柯等（Wang et al.，2000）研究了非理性投资者在具有大型经济体人口动态的进化博弈模型中的生存状态。动态研究表明，财富积累的增长率推动了进化过程，不自信或悲观主义无法生存，但适度的过度自信或乐观主义可以生存甚至占主导地位，特别是在基本面风险很大的情况下。进一步的，在赫舒拉发和罗（Hirshleifer and Luo，2001）的模型中，过度自信的投资者在竞争市场中的生存主要是因为他们愿意承担更多的风险，以利用噪声和流动性交易者产生的错误定价。因此，过度自信的投资者倾向于交易风险相对较高的证券。巴特斯卡和雷盖格（Bouteska and Regaieg，2018）据此发现，过度自信可能会主导理性，并长期存在。因此，由于冒险，过度自信的投资者比理性投资者实现更大的利润。

吴卫星等（2006）认为由于非理性投资者在比较小的参与区参与金融市场，因而他们会在金融市场有着对他们来说合味的不确定性时，激进地参与金融市场，从而会形成金融市场泡沫。当不确定程度过高或者过低的时候，这些投资者又会退出金融市场，引起风险资产价格的低估，严重的时候就会形成金融市场的崩溃。此外，陈日清（2014）基于 EGARCH 模型证明过度自信投资者在证券市场上过于频繁的交易会导致市场超额波动性，并且在我国 A 股市场，由交易量所能解释的市场波动性中，投资者过度自信行为所产生的超额交易量对市场波动性的影响要大于其他因素的影响，并且上述结论仅在牛市中存在。尽管过度自信会给市场带来问题，但它也可能产生部分积极影响，丹尼尔和赫舒拉发（Daniel and Hirshleifer，2015）发现过度自信会促使投资者在投资前进行更多调查。此外，过度自信鼓励投资者参与他们可能忽视的资产类别，如股票市场或国际投资（出于对陌生事物的恐惧及担忧）。

当然，值得注意的是，过度交易并没有带来额外收益，相反，当信息成本很高时，积极追求信息的过度自信的交易者比被动交易者的收益更低。即使在取消了大多数由流动性需求、减税抛售、投资组合再平衡或转向低风险证券推动的交易后，交易仍会降低回报。此外，考虑到交易成本，过度自信的投资者可能会在预期收益不足以抵销交易成本的情况下进行交易（Odean，

1999）。

从企业经营者的角度来看，现有研究发现企业管理人员似乎特别容易表现出过度自信的特征——无论是在优于平均水平的效果方面，还是在狭窄的置信区间方面（Larwood and Whittaker，1977）。过度自信对管理者的日常运营存在显著的影响，对企业的投资决策扭曲、融资策略选择、技术创新活动、过度扩张等行为都存在一定的作用，进而影响企业的经营状况。

从企业投资来看，一个亲自挑选投资项目的首席执行官很可能相信他可以控制其结果，从而低估失败的可能性（March and Shapira，1987）。希顿（Heaton，2005）的研究表明，企业投资中常见的扭曲可能是经理人高估其投资回报的结果。一方面，乐观的经理人认为，资本市场低估了公司的风险证券，并可能拒绝必须从外部融资的正净现值项目。另一方面，乐观的经理人高估了自己公司的项目，即使他们忠于股东，也可能投资负净现值的项目。这些结果维系了与自由现金流相关的投资不足—过度投资平衡，而不会增加源于不对称信息或其他因素的代理成本。郝颖等（2005）在我国上市公司特有的股权安排和治理结构下，发现过度自信的高管人员在公司投资决策中更有可能引发配置效率低下的过度投资行为。摩尔和金（Moore and Kim，2003）通过实证研究发现，过度自信的经理人常常高估回报、低估风险，因此其偏向选择潜在风险高的投资项目和企业发展策略。马尔门迪埃和泰特（Malmendier and Tate，2005）通过研究管理层过度自信与企业投资决策之间的关系，发现对投资现金流的敏感性与高管的过度自信程度之间存在很强的正向关系：过于自信的 CEO 系统性地高估其投资项目的回报，并认为外部资金成本过高，如果他们有足够的内部资金进行投资，并且不受资本市场或公司治理机制的约束，那么相对于最优决策，他们就会产生过度投资的行为。但是，如果公司没有足够的内部资金，CEO 就不愿意发行新的股票，最终限制了他们的投资。与此同时，马尔门迪埃和泰特（2005、2008）的研究表明，管理者可能对自己预测未来市场走势的能力过于自信，导致他们错误地认为自己拥有相对信息优势，从而过度转移衍生品头寸。亚当等（Adam et al.，2015）发现当期投机行为和过去的投机收益之间存在正相关关系，而当期投机行为和过去的投机损失之间没有显著关系。这种不对称的效应支持了这样一个猜想，即过去投机性决策在财务上的成功增加了管理层的过度自信，导致管理层提高了他们的投机水平，而亏损并不会减少管理层的过度自信，因为管理者倾向于将失败归因于坏运气。

管理者存在过度自信的特点在我国的企业中同样得到了验证。余明桂等（2013）发现管理者过度自信与企业风险承担水平显著正相关，对风险承担经济后果的检验发现，更高的风险承担水平有利于提高企业的资本配置效率和企业价值。李婉丽等（2014）通过实证分析，研究了我国上市公司管理者过度自信与企业过度投资之间的关系，同样发现管理者过度自信与公司过度投资存在正相关关系。其分析结果显示，企业现金流充裕会促进过度自信管理者过度投资，而较高的公司治理水平会减弱过度自信管理者的过度投资倾向，同时也会削弱自由现金流对过度自信与过度投资间关系的正向调节作用，反之亦然。刘柏和梁超（2016）研究发现不同管理者的过度自信对投资水平的作用途径有所不同：董事长的过度自信影响路径在于直接调整投资水平的同时会降低投资对经营现金流的敏感性，而总经理的过度自信只影响投资水平，不改变投资对现金流的敏感性。相对于董事长和总经理分列而言，二职合一的管理者过度自信对投资水平影响更显著。

2.3.2.3　过度自信与企业融资和企业创新

同样有研究表明，企业的融资行为和管理者的过度自信存在显著的关系。乐观和/或过度自信的经理人会选择更高的债务水平，并且频繁地发行新债，但不一定存在优先顺序。尽管较高的债务水平会延迟投资，但适度偏向管理者的投资决策可以通过减少这种债券持有人与股东之间的利益冲突来增加公司价值。舍夫林（Shefrin，2001）认为过度自信的领导者对公司的未来表现会产生高估的倾向，因此他们不愿与新股东分享；而那些风险感知偏差的管理者的表现截然相反，他们将会低估公司未来盈利的风险，从而倾向于认为债务融资被市场所低估。哈克巴斯（Hackbarth，2008）认为，经理人的风险认知偏差是解释公司杠杆和债务发行等资本结构决策的重要因素。舍夫林和哈克巴斯认为，与"无偏见"的经理相比，"有偏见"的经理倾向于使用更多的债务融资，因为他们认为公司更有利可图和/或风险更低。与此同时，黄等（Huang et al. , 2016）认为，当未来传来有利消息时，由于过度自信，CEO 将会高估他们以较低成本为短期债务再融资的可能性，因而过度自信的 CEO 会持有更多短期债务来提高股东价值。马尔门迪埃（Malmendier, 2011）的研究表明，认为公司被低估的经理人主观认为外部融资定价过高——尤其是股权融资，这种过于自信的管理者会使用较少的外部资金，并且以获得外部资本为条件，发行的股份少于同行。不仅如此，在大萧条时期长大的 CEO 们厌恶债务，过度依赖内部融资。

格里芬和特沃斯基（Griffin and Tversky, 1992）发现，过度自信的管理者能够承受更大的困难和风险。赫舒拉发等（2012）认为过度自信的 CEO 承担了风险更大的项目，在创新上投入更多，实现了更大的创新总量（以专利申请和专利引用衡量），他们是更有效的创新者，因为他们在研发支出方面实现了更大的创新控制。进一步的研究认为，过度自信的管理者只有在创新行业才能实现更大的创新产出。在创新产业中，更大的信心激发更多的创新，无论是在投入方面（R&D）还是在产出方面（专利和引用）。此外，给定研发支出，过度自信的管理者会取得更大的创新成功。加拉索和锡姆科（Galasso and Simcoe, 2011）的研究持有类似的观点，他们认为过度自信的 CEO 低估了失败的可能性，因此更有可能追求创新。在竞争更激烈的行业，这种效应更大，创新的成功揭示了更多关于 CEO 能力的信息，导致自负的 CEO 渴望获得巨大回报，当 CEO 有更大的灵活性来改变其公司的战略方向时，过度自信的效应更加突出。

这一判断对中国的企业家同样成立。易靖韬等（2015）认为高管过度自信会促进企业加大创新项目的投入和产出，在企业研发支出保持不变的情况下，高管过度自信会给企业带来更多的创新产出，表明高管过度自信促进了企业创新绩效的提升。研究发现，这一促进作用受到企业异质性的影响，高管过度自信对于创新绩效的促进作用会因企业规模与负债的不同而存在显著差异，这也验证了熊彼特效应和投资扭曲效应。进一步研究表明，相比非高新技术企业，高管过度自信与创新绩效的正相关关系在高新技术企业中更为显著。林慧婷和王茂林（2014）认为过度自信的管理者更具冒险精神，能够减少不确定性风险对 R&D 投资的负面影响。在不确定性较高的环境下，管理者过度自信能够增强研发对企业价值的提升作用，但在弱不确定性环境下效果并不明显。[①]

2.4　家庭的行为特征

2.4.1　负债行为及家庭杠杆率

杠杆通常被认为是衡量资产负债的一种手段，一般通过债务收入比进行量化，用于描述居民家庭的债务承担能力和偿债能力，家庭杠杆率越高，居民负担越重。随着宏观经济推进和我国住房市场的发展，我国居民杠杆率越来越高。中国宏观杠杆率数据库显示，我国居民杠杆率总体呈现大幅增长态势，2000 年我国居民杠杆率为 12.4%，而到了 2020 年，这一数字增长到 59.9%；从构成上来看，居民杠杆的主要来源是购房。

影响家庭负债决策的因素是复杂且多元的。有研究认为，认知能力对家庭杠杆率存在不容忽视的影响，是居民做出重大财务决策的重要影响因素。科尔尼奥蒂斯和库马尔（Korniotis and Kumar，2011）从年龄的角度入手，将认知能力与家庭的财务决策联系起来，其研究结论表明，一方面，身体机能随着年龄的增加而下降，并带来认知能力的减弱，最终影响家庭的财务决策能力；另一方面，随着年龄的增加，财务决策经验越来越丰富，故其综合影响无法识别。进一步的，认知能力对家庭借贷行为的作用机理可以从成本角度解释，格林布拉特等（Grinblatt et al.，2011）使用良好的认知技能这一测量工具，指出认知技能是一种参与成本，会影响风险市场参与度。其从股票市场参与作为研究切入点，认为认知能力重在能够帮助个体识别市场的重要信息，认

---

① 过度自信对企业的影响不仅仅体现在创新方面，同样影响企业的扩张。建立私人王国是企业家精神的重要组成部分，扩张冲动是企业家最重要的内生性行为特征之一。姜付秀等（2009）认为，现实中，我们可以看到无论是国内还是国外，企业都很强的扩张冲动。管理者过度自信显著地影响了企业的扩张速度，具体表现在管理者过度自信和企业的扩张规模之间存在显著的正相关关系；同时，管理者过度自信对企业扩张方式也产生了一定的影响，表现在它与内部扩张之间存在显著的正相关关系，当企业拥有充裕的现金流时，正相关程度更大，但管理者过度自信与并购之间的关系并不显著。

知能力低的人总是容易犯错，并据此得出结论低智商个体风险市场参与度不高的根本原因在于其缺乏认知技能，因而认知能力对家庭财务决策的影响是客观存在的。李（Li, 2014）探索了家庭信息共享对家庭财务决策的作用，其研究强调了家庭内部信息共享对进入投资市场进行交易的重要性，认为信息共享的影响主要体现在两代人之间，由于信息共享是双向的，父母与子女的投资和财务决策之间互相影响，因此认知能力通过对信息识别这一渠道对家庭财务决策产生影响，进而影响家庭的借贷和负债行为。但是阿加瓦尔和马祖姆德（Agarwa and Mazumder, 2013）认为，认知能力高的人，其社会地位更高或拥有其他技能，更有可能进行借贷。前人研究中基于认知能力对家庭杠杆率的影响机理可能并不准确，为更准确地识别认知能力的作用，他在识别方法上进行创新。考虑到处理数学的综合能力与认知能力有关，其在研究中使用 ASVAB 的测试分数来识别认知能力，此种方法能够评估个人数学水平、语言能力等。他的研究结果进一步表明，认知能力确实和财务决策有直接的联系。

此外有研究表明，收入是影响家庭负债的重要因素，收入不平等及其收入结构对家庭杠杆率有着重要影响（何丽芬等，2012）。库姆霍夫等（Kumhof et al., 2015）将收入不平等、家庭杠杆以及金融风险相联系，按照收入阶层对家庭进行分类，将收入前 5% 的家庭定义为高收入者，而余下 95% 的家庭定义为低收入者。其研究发现，在受到经济危机的冲击之后，高收入者倾向于积累财富，不会将财富用于更高的消费，而是将其贷款给消费需求更大的低收入者，这样会加大低收入者的债务收入比，金融危机更有可能发生。阿特金森和莫雷利（Atkinson and Morelli, 2010）强调，收入分配变化具有异质性，在此基础上巴齐利耶等（Bazillier et al., 2019）将收入阶层分为高收入、中收入以及低收入阶层，不仅得到和库姆霍夫等（2015）一样的结果——收入不平等的增加会导致债务收入比增加，而且发现当中收入阶层的收入占比变少时，这种不平等对债务收入比的影响更加强烈。有学者把收入不平等当作评估信用风险的信息，认为基于信用风险的评估是导致这一效应的重要因素。科比恩等（Coibion et al., 2014）从地区差异的角度考察收入不平等与家庭借贷的关系，从显示的结果来看，不平等程度更高的地区，高收入家庭的债务多于低收入家庭的债务，而不平等程度低的地区，低收入家庭的债务比高收入家庭的债务更多，虽然高不平等地区和低不平等地区的收入不平等对家庭债务和收入水平都有显著影响，但是更高的不平等否定了低收入家庭为了满足消费更多地借贷资金的需求。其研究认为，对于收入不平等程度更高的地区来说，高收入的家庭意味着更可靠的信用，因此其更容易得到借款，相对而言，低收入家庭借贷资金的难度会更大。[①]

由于借贷在家庭经济活动中毋庸置疑的重要性，除了认知能力、收入不平等外，家庭风险偏好、所处地区金融发展水平、金融素养等因素同样是影响家庭借贷行为发生变化的重要特征。从现有文献来看，目前相对一致的观点认为，家庭所处地区金融发展水平越高、金融知识水平越高的家庭，借贷行为越普遍（宋全云等，2017）。

从我国的情况来看，随着金融市场不断发展，刺激消费政策持续推进，房价在大幅度波动的同时，呈现出明显的攀升态势，我国家庭债务的规模将进一步扩大，诸多研究发现家庭债务总体上升与宏观经济波动有着密切联系。关于家庭杠杆率上升与宏观经济波动的关联，最早可追溯到费希尔（Fisher，1933）的研究，作者认为家庭对借款、贷款的依赖能解释经济萧条期间的违约、失业等现象。随后的研究也提供了更多的证据进行支撑，克恩（King，1994）发现在 20 世纪 90 年代早期，家庭负担最多的国家——尤其是工业国家出现严重的经济衰退，通过对比几个国家家庭债务与 GDP 之比的变化，发现债务越多，产出越少的现象，这与 20 世纪二三十年代的经济萧条和债务负担增加现象有相似之处。格利克和兰辛（Glick and Lansing，2010）发现在 2008 年金融危机前，贷款利率标准较低、贷款市场抵押品增多，这些特点推动了家庭负债行为，导致许多工业国家的家庭杠杆率不约而同增加，而这些国家家庭杠杆率增加的同时伴随着房价的上涨，房价下跌时，消费也下跌。米安和苏菲（Mian and Sufi，2011）以美国为例，研究家庭杠杆率在 2007 ~ 2009 年的经济衰退中的作用，研究发现在这段时期，美国家庭杠杆增长率更高的州房价下跌更严重，但汽车销量、发放的住房建设许可以及失业率增长却更高。利玛（Leamer，2007）以住房交易为例进行研究，其结论认为住房

[①] 当然，也有其他因素导致收入不平等和家庭债务直接的关系。帕拉多（Parrado，2010）提到政治因素，认为在美国，政客为了减少低收入者的不满，通常会更多地向其提供宽松的借贷政策。

投资的价格波动性比商业投资更剧烈，而家庭杠杆与经济波动之间的作用机理在于，在信贷市场中低利率诱使购房者用借贷资金购买住房，不断推高房价，此时贷款者也更加愿意提供贷款，但当泡沫破裂、房产价值下跌时，购房者却要承担贷款的全部风险，由此产生消费减少、信贷违约率大幅上升的后果，并带来经济衰退的风险。

当然，针对经济衰退和家庭杠杆率之间的关系，很多学者研究经济衰退之前的预防措施和之后的补救政策。对于事前措施，德福斯科等（Defusco et al.，2020）研究一种偿付能力/贷款资质（ATR/QM）规则，这种规则通过增加贷款人的隐形税达到监管放贷的目的，表明代理成本是监管贷款的重要因素，这种方式能让杠杆率分布发生变化，并降低小额度的违约率。科里内克和西姆塞克（Korinek and Simsek，2016）认为不能通过降低利率去杠杆化，可以考虑鼓励借款人购买保险等宏观审慎政策来处理杠杆问题。阿加瓦尔等（Agarwal et al.，2015）强调抵押贷款再融资是事后减少家庭借款人负担的重要渠道之一，但是由于只有部分借款人才符合再融资的要求，所以这一做法可能会加重区域经济不平等，若借款人再融资之后增加支出，可以缓解这一不平等现象。

2.4.2 居民消费的总量变化与结构特征

在经典宏观经济理论下，投资、消费和出口构成了一国经济内在动力的三个最重要因素。消费作为其中的关键元素，其理论基础和现实特征一直都备受学术界关注，提振消费、优化消费结构、升级消费结构一直以来是我国政府和学者关注的重要问题。

中国居民消费占国民经济的份额从 20 世纪 80 年代初开始便趋于下降，自 2000 年以来，我国居民消费在质和量上整体有所提升，消费率长期维持在 35% 左右，但却始终未能超出 40% 这一历史临界值（李树和于文超，2020）。不同收入群体消费异质性大，导致同一产业内部供给结构差异明显，不利于产业的整体优化，引致消费结构系统性失衡。同时，由于消费领域狭窄，层次水平不高，知识消费、体验消费等诸多领域有待于拓展，生活服务消费多，非理性消费普遍，精神文化消费少，导致消费结构的"质"与"量"不能更好地协调发展,产业结构优化升级难度大,经济发展存在一定的结构性问题(李涛和陈斌开,2014)。与此相对应的,根据世界银行和经济合作与发展组织的数据,中国家庭总储蓄占总可支配收入的份额从21世纪初期的28%左右开始逐年上升,到2010年,这个数字已经达到了39%,虽然在2015年进一步降低到37%,但仍摆脱不了中国成为世界上居民储蓄率最高的国家之一的现实(甘犁等,2018)。储蓄率异常之高与消费率之低,反映了我国居民消费结构失衡的问题,针对这些现象,经济领域从多角度进行了思考和探索,并对提振我国居民消费、升级消费结构等进行了政策性建议。

宋铮(1999)运用预防性储蓄假说尝试回答居民消费失衡的问题,他指出我国居民更多地进行预防性储蓄是造成中国居民储蓄快速增长的一个重要原因,居民对未来不确定性程度的提高,导致更谨慎的预防性储蓄行为。研究结果显示,由于对子女教育的投资能降低子女未来收入的不确定性,我国居民出于提高子女教育程度的目的而更多选择进行预防性储蓄。基于不确定性在解释居民消费和储蓄特征的重要作用,宋铮(1999)建议我国政府应当完善各类社会保障制度,经济体制改革应当平稳提速并建立高等教育的贷学金制度。

在后续的研究中,施建淮和朱海婷(2004)、易行健等(2008)对中国农村居民预防性储蓄的强度和动机进行研究,认为我国农村居民存在很强的预防性储蓄动机,同时存在极大的区域异质性,并且发现居民的相对谨慎性系数在时间维度上呈现不断上升的趋势。在此基础上,杨汝岱和陈斌开(2009)进一步探寻了预防性储蓄的内在因素,他们利用CHIP的数据构建了高等教育改革与居民消费行为的模型,通过实证分析,发现高等教育改革确实对居民消费存在着明显的挤出效应,这为预防性储蓄和居民消费之间的关联研究加入了微观基础。进一步研究认为,教育改革对中国居民消费的影响深远,而其他领域的改革,诸如社保、医疗、住房保障体系的改革同样也对中国社会的各个层面产生深远影响,进而对居民的消费产生作用。

李涛和陈斌开(2014)从家庭的资产配置角度指出了居民消费失衡的另一个重要因素。他们将家庭资产划分为金融资产和固定资产,并将家庭固定资产拆分为生产性固定资产和非生产性住房资产，细致考察了占家庭资产主要成分的家庭固定资产的作用，并分析了家庭资产对居民消费的"资产效应"和"财富效应"。基于对中国城镇家庭调查数据的挖掘，研究得出家庭生产性固定资产存在显著的"资产效应"和"财富效应"，进而验证了家庭资产对促进居民消费的积极作用，同时得出房地产财富仅存在微弱的"资产效应"，且不存在"财富效应"，即房价的上涨并不会促进居民消费。

不过，基于财富效应研究住房资产对居民消费的影响，不同学者切入的角度不同，得出的结论存在一定的多样性。例如，万晓莉等（2017）结合国家统计局的城镇住户调查（UHS）的总量数据和微观数据，对中国总体房价变化与居民消费之间的关系做了细致的研究，得出的研究结论与李涛和陈斌开（2014）一致，认为房价变化对居民消费的"资产效应"非常微小，且并不存在"财富效应"；同时他们还观测到收入是影响居民消费的核心因素。李江一（2017）采取新的视角切入房地产市场，基于中国家庭金融调查的数据，通过构建购房动机、偿还住房贷款和居民消费的代表性个体模型，研究发现购房动机的存在显著降低了家庭总消费，并且挤出了家庭在食品衣着、教育文化等方面的支出，家庭为了偿还住房贷款也进一步降低了家庭的总消费。从内在机制来看，进一步的研究发现购房动机通过降低边际消费倾向从而挤出消费，并且房价上涨速度越快，这种挤出效应越明显，而房贷则增加了家庭的流动性约束，从而导致消费的减少。对此，李江一（2017）认为刺激房地产增长并不利于内需的扩大，政府应当在控制房地产市场价格的基础上，采取更积极的措施来降低房贷对居民的压力。

除了预防性储蓄、房价等因素外，收入差距和收入分配也是居民消费失衡的一种代表性解释。陈斌开（2012）基于生命周期理论框架，研究了城乡收入差距扩大对居民消费的影响，分析结果表明，城乡收入差距不断扩大是居民消费失衡的一个重要原因，居民边际消费倾向随着收入增加而降低，因而认为扩大内需需要以提高低收入阶层的消费水平为重点。甘犁等（2018）进一步结合收入分布与流动性约束对居民消费的影响因素做了更深入的研究，其研究结果表明，中国居民储蓄分布差异巨大，代表性特征为高收入家庭主

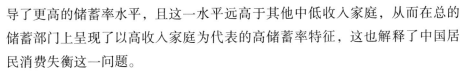

导了更高的储蓄率水平，且这一水平远高于其他中低收入家庭，从而在总的储蓄部门上呈现了以高收入家庭为代表的高储蓄率特征，这也解释了中国居民消费失衡这一问题。

居民消费失衡的问题广泛受到各方关注，随着国内外学术界对中国居民消费问题的深入分析，发展出了许多新的观点，如莫迪利安尼和曹（Modigliani and Cao，2004）利用生命周期假说解释了"中国储蓄难题"；赵等（Zhao et al.，2011）在此基础上进一步构建了一个家庭储蓄行为的结构性模型，并用此模型成功复现了 20 世纪 90 年代中国家庭储蓄率不断上升的场景，他们的研究发现生命周期理论可以解释 35% 的中国家庭储蓄激增问题；李树和于文超（2020）利用中国家庭金融调查（CHFS）的数据研究了幸福的社会网络效应对居民消费行为的影响，发现户主幸福感的增加能增加家庭的消费；魏和张（Wei and Zhang，2011）首次提出性别比例对中国家庭储蓄的影响作用，他们的研究发现，在中国性别比例失衡的情况下，为了提高家中未婚男性在婚姻市场上的竞争力，其父母会提高家庭的储蓄率，以家庭的财富作为未婚男性的筹码，与此同时，女性为了保证自己在婚姻之中的议价能力，并不会因此降低自己的储蓄；戴圣涛和卜京（2019）的研究也证实，性别比例失衡对居民消费确实存在显著的抑制效应。综上所述，居民消费失衡这一问题在学术研究中得到了证据支撑，并且对其影响因子和内在影响机制的研究也正处于发展和完善阶段。

2.4.3　个体风险认知及其偏差

风险认知（risk perception）是个体对客观风险的主观感受和直观判断。斯塔尔（Starr，1969）在《科学》杂志上发表了关于风险认知的一项科学研究，通过研究核电站的安全性，提出一种方法用于计算社会可接受的技术风险水平，并考虑随之而来的社会效益。尽管依赖于对风险的概率评估，但分析结果显示，客观风险与公众的风险认知之间存在着巨大的差异。在该项研究之后，对风险认知的讨论逐步从技术安全领域扩展到心理学和社会学领域。从定义上来看，风险认知是个体基于风险评估方法，从直觉上来估计各项事务的风险大小（Slovic，1987）。西特金和巴勃罗（Sitkin and Pablo，1992）将风险认知定义为决策者评估情境所包含的风险，包括决策者如何描述情境、对风险的控制和概率估计以及对估计的信心度。西特金和魏因加特（Sitkin and Weingart，1995）将风险认知定义为个体评估情境有多少的风险性，包括从概率上评估情境不确定性的强度大小、不确定性的可控制程度以及对这些估计的信心水平。心理学对风险认知的分析同样做出了不小的贡献，对风险认知的研究也经历了从计算不良事件发生的经典概念发展到基于认知和个人评估的主观风险概念的历程。

传统决策理论认为，事件的结果及其概率大小，以及相对于结果的稳定风险偏好，是影响个体风险行为的主要因素（Keeney and Raiffa，1993；Clemen and Reilly，2001）。在此基础上，行为决策理论的发展扩展了驱动风险态度和风险感知的相关因素的研究，该理论总结前人研究后认为，导致人们产生风险认知偏差的原因可以分为内外两方面因素：内部因素包括个体特征、情绪因子、期望水平、知识结构、成就动机等主观因素；而外部因素包括了风险的性质、风险的可控程度、风险的最大损失、风险的可持续性等客观因素。

在对风险认知的测量中，最常见的方法是由斯洛维克和费希尔（Slovic and Fischhoff，1981）发展的"心理测量范式"（psychometric paradigm），即通过问卷调查法测量公众对于风险的认知和态度，研究表明，与专家借助数理模型和科学统计来量化风险不同，普通民众对风险的认知往往与客观存在的风险存在较大的偏差。风险认知偏差是个体在认识和判断风险时所发生的某种偏离或偏离倾向，是人类认知局限、个人动机和情感、风险事件的性质、风险沟通质量等多种主客观因素共同作用的结果（谭翀和张亦慧，2011）。

由于家庭金融决策涉及个人的判断，风险认知反映了个体投资者的非理性特征，是影响家庭投资决策的重要因素，受到越来越多的学者关注。不同投资者的投资行为与结果的差异一定程度上来源于他们对风险的不同认知（Baucells and Rata，2006）。新兴的行为金融学文献表明，人们并不是理性的贝叶斯论者，而是依赖于启发式，并受到某些偏差的影响。王等（Wang et al.，2011）对来自瑞士近 500 名投资者对投资产品的风险认知进行了调查，实证证据表明，风险认知仅与客观的风险度量中度相关，但与自我报告的对资产类别理解的困难程度高度相关，人们在很大程度上主观依赖对产品的熟悉程度来进行风险判断，进而导致对一些特定资产的风险产生认知偏差：参与者往往高估美国商品基金、房地产基金和蓝筹股的风险，而低估养老基金、人寿保险、瑞士股票基金和全球债券的风险。这与之前的文献发现基本一致：对于更复杂的任务，个体更依赖简单的主观判断，如情感启发法（Finucane et al.，2003）。阮等（Nguyen et al.，2019）进一步的研究将金融风险认知定义为投资者对投资产品风险属性的信念、态度、判断和感受，他们重新开发和验证了新的风险认知量表，并利用澳大利亚金融顾问的客户在线调查数据，考察了金融风险容忍度和风险认知对个人风险资产配置决策的联合影响。研究结果表明，风险容忍度通过风险认知直接或间接地影响风险资产配置，并认为风险认知与风险分配决策存在负相关关系。与风险规避者相比，风险寻求者可能认为某项投资的风险较低，从而促使他们为该项投资分配更多资金。对这种情况，一个可能的解释是，风险规避者往往高估负面结果，从而产生向上的风险认知偏差，而风险寻求者往往高估正面结果，因此产生向下的风险认知偏差（March and Shapira，1987；Sitkin and Weingart，1995）。

个体微观投资者的认知能力和行为偏好同时也会影响其投资的多元化程度，这一特征体现在家庭的投资策略和交易行为上。克里斯特利斯等（Christelis et al.，2010）发现投资人的股票投资意愿和认知能力显著相关，由于风险市场参与涉及大量的信息甄别和处理，对认知能力尤其是对计算能力有较高的要求，因此认知能力不仅直接影响投资人对股票市场的参与，同时也显著影响了对共同基金和养老金账户的间接参与。科尔尼奥蒂斯和库马尔（2011）同样认为个人的认知能力显著影响其金融决策，认知能力较高的人更可能参与股票市场，投资更加积极，持有股票只数更多的投资组合，交易频率更高，并且积累较多的金融财富。同样的研究在中国也进行了验证，孟亦佳（2014）采用中国家庭追踪调查（CFPS）数据，研究了认知能力对中国城市家庭金融市场参与和家庭资产选择的影响，研究表明认知能力的增加推动城市家庭参与金融市场，并提高了城市家庭在风险资产尤其是股票资产上的配置比例。霍夫曼等（Hoffmann et al.，2015）借鉴了潘宁斯和万辛克

（Pennings and Wansink，2004）测量受访者对股市风险的风险认知方法，构建面板数据集进行分析，通过进一步的研究发现，投资者的风险认知及其变化（逐月修正）是实际交易行为（交易与否的决定、交易额、平均交易规模和衍生品交易）和风险决策（投资组合风险、买卖比率和限制订单使用）的重要驱动因素：风险认知水平较高的投资者更有可能进行交易，交易量更大，并持有风险更高的投资组合，但由于自身对风险的敏感度高，其买入卖出比率较低，对股市的敞口较小。布罗伊尔等（Breuer et al.，2014）关注了个体的风险态度，识别影响个体参与股市的因素，认为个体的心理因素——尤其是包含了过度自信和过度乐观的个人主义影响其资产配置，通过使用德国和新加坡的微观数据进行检验后支持了其理论。迪莫克等（Dimmock et al.，2016）进一步关注模糊厌恶的风险态度，并使用美国家庭调查数据解释了模糊厌恶与五个家庭投资组合选择难题（不参与股票市场、股权配置低、本土偏好、本土公司股票所有权和投资组合多元化不足）之间的关系，认为模糊厌恶与股票市场参与和分配给股票的金融资产比例呈负相关关系。

2.5　理论分析框架

我们的理论分析框架中依赖于一个包含信息成本、住房交易成本、无风险资产、风险资产、非住房消费和住房消费的消费—投资决策模型。经济中的个体是有 Cobb - Douglas 的消费品偏好，其效用函数由住房所产生的服务所构成，表达如下：

$$U(cons,\ HS) = \frac{1}{1-\alpha}(cons^{\beta} \times HS^{1-\beta})^{1-\alpha} \qquad (2-1)$$

其中，HS 代表住房所产生的一系列服务（以面积衡量），$cons$ 代表非住房消费，$1-\beta$ 代表相对于非住房商品的住房消费偏好，而 α 代表效用函数的曲率。

假设经济体中债券（广义上）是唯一的无风险资产，其价格 BP 服从：

$$dBP = r \times BPdt \qquad (2-2)$$

假设风险资产的价格 SP，其波动服从漂移项为 μ_{SP}、标准误为 σ_{SP} 的几何布朗运动：

$$dSP = SP \times \mu_{SP}dt + SP \times \sigma_{SP}dZ_{SP} \qquad (2-3)$$

家庭住房资产 HS 以 δ 的折旧率递减，如果不购买新资产，家庭住房资产的价值为：

$$dHS = -\delta HSdt \qquad (2-4)$$

给定住房资产初始价值 HS_0，个体不能观测到住房的市场价格 $\widehat{HP}$，只能根据其主观判断估计 HP，但是个体是能够基于一定的成本 c_0 获取真实价格的，据此可以判断是否进行住房改善。假设住房的主观价格 HP 是基于初始价格 HP_0 服从几何布朗运动的：

$$dHP = HP \times \mu_{HP}dt + HP \times \sigma_{HP}dZ_{HP} \qquad (2-5)$$

Z_{SP} 和 Z_{HP} 为维纳过程，同时假设 Z_{SP} 和 Z_{HP} 的相关系数为 ρ_{sp}。

假设 W 代表个体的主观财富价值，由无风险资产、风险资产和房产价值所构成：

$$W = BP + \Phi \times SP + HS \times HP \qquad (2-6)$$

其中 Φ 为持有风险资产数量。

同时，估值偏误 m^i 由个体的估值和市场价值的差异（偏误的百分比）所构成，为了简化计算，假设估值偏误取值分别为 m^l，m^h，分别对应着高估和低估自有房产，并且有 $m^l < 0 < m^h$，高估和低估的概率分别为（$1-\pi$）和 π。

个体在没有进一步信息的情况下决定房产的持有长度 τ，当个体花费一定的信息成本 $c_0 \times HS \times HP$ 获知市场价值时，他做出进行住房改善还是继续留在原来的住房等待下一次获取信息（依然是 τ 的时间长度）的决定。如果住房改善，那么其住房交易成本为出售现有住房获得收入的比例 $c_1 \times HS \times HP$。个体在没有获知其他关于住房价值的信息时，基于其主观估值做出关于消费和资产配置的决策。

基于上述设定，家庭每期的财富为 $W - Cons$，进行简单推导，家庭的财富变动函数为：

$$dW = \left[r(W - HS \times HP) + \Phi SP(\mu_{SP} - r) + (\mu_{HP} - \delta)HS \times HP - C \right]dt$$

$$+ (\Phi SP\sigma_{SP} + HS \times HP\rho_{SP}\sigma_{HP})dZ_{SP} + HS \times HP\sigma_P \sqrt{1 - \rho_{SP}^2}dZ_{HP}$$

$$(2-7)$$

对于家庭而言，获取市场信息时的值函数（value function）为关于家庭财富 W、住房消费 HS 和房价 HP 的关系式：

$$
\begin{aligned}
V(W, HS, HP) = \max E \Big\{ & \int_0^\tau u(cons, HS \times e^{-\delta t})dt \\
& + I_{HS' > HS \times e^{-\delta\tau}}\big[\pi V(W(\tau), HS \times e^{-\delta\tau}, HP(\tau)) \\
& + (1-\pi)\widetilde{V}(W(\tau), HS(\tau), HP(\tau))\big] \\
& + I_{HS' \leqslant HS \times e^{-\delta\tau}}\big[(1-\pi)V(W(\tau), HS \times e^{-\delta\tau}, HP(\tau)) \\
& + \pi\widetilde{V}(W(\tau), HS(\tau), HP(\tau))\big]\Big\}
\end{aligned}
$$

$$(2-8)$$

值函数中的 $\widetilde{V}$ 为获取新住房后的间接效用函数。由于"财富幻觉"的存在，在获取信息时的家庭财富为：$W(\tau) = W(\tau^-) \times c_0 \times HS(\tau^-) \times HP(\tau^-) + m^i HS(\tau^-) \times HP(\tau^-)$，而且该时期的价格为 $HP(\tau) = HP(\tau^-)(1 + m^i)$，同时，获取市场信息时的住房消费为 $HS(\tau) = HS'$，而在获取信息前的住房消费为 $HS(\tau^-) = HS \times e^{-\delta\tau}$；并且，如果家庭获取了新的住房，住房消费量为 HS'，此时（换房时）家庭的财富水平为：

$$
\begin{aligned}
W(\tau) = & W(\tau^-) - c_1 \times HS(\tau^-) \times HP(\tau^-) - c_0 \times HS(\tau^-) \times HP(\tau^-) \\
& + m^i HS(\tau^-) \times HP(\tau^-)
\end{aligned}
$$

$$(2-9)$$

在此理论框架下，家庭对住房资产的估值偏误所产生的"财富幻觉"纳入行为人的决策主体，理论框架下的均衡条件为在消费、资产结构中的选择：$(HP(t), BP(t), \Phi(t), C(t))$，而其中的政策函数为获取市场信息的最优时间 τ，以达到家庭在生命周期中的最优效用。

在本书的分析中，将遵循上述理论框架，讨论存在"财富幻觉"的情况下，家庭的负债决策、最优消费决策和消费构成；同时，讨论家庭在风险资产和无风险资产间的配置比例，并讨论风险投资行为是否和家庭的风险承担能力匹配。

第 3 章

估值偏误影响家庭的负债决策吗？*

3.1 引言及研究背景

中国经历了长达数十年的房地产市场繁荣。2003～2013 年，四个一线城市（人口最多、经济最重要的大都市地区）的房价年均增长率为 13.1%，31 个二线城市和其他 85 个三线城市的房价年均增长率为 10.5%（Fang et al.，2016）。房价高涨的同时，家庭的负债也随之攀升，根据国家资产负债表研究中心的研究报告，我国的居民杠杆率呈现逐年攀升的趋势，近年来的增幅显著增加，居民杠杆率从 2003 年末的 16.2% 增长到 2020 年末的 62.2%。①

房价飙升和高杠杆率引发了国际和国内对中国金融体系风险和不稳定的广泛关注（Song and Xiong，2018），特别是当开发商和家庭都持有大量空置房屋——包括已完工但未出售和已购买但空置的房屋时（Wu et al.，2016；Glaeser et al.，2017），如果价格高速上涨形成的房地产市场泡沫破灭，将给中国市场和宏观经济的稳定运行带来不小的冲击，并对全球的金融市场产生负面影响。虽然中国的房地产市场面临许多风险，但是方汉明等（Fang et al.，

---

* 本章的主要研究发表于：Liang P, Gao N, Homevalue Misestimation and Household Leverage：An Empirical Study of Chinese Urban Households. *Cities*，Vol. 109，February 2021.

① 根据国家资产负债表研究中心数据整理。

2016）认为最大的风险还是收入风险，收入增长率的提升增加了家庭的可支配收入，同时增加了家庭对未来收入增长率的预期，进而增加了购房意愿，但是广泛的低收入家庭收入增长率偏低，即使政府出于缓解住房市场压力的目的给予低收入者一定的帮扶措施（如经济适用房和廉租房等），低收入购房者仍然承受巨大的经济负担，这意味着债务风险在家庭之间分布不平等。

从米安和苏菲（Mian and Sufi, 2010, 2011）开始，越来越多的文献强调了以家庭债务与收入之比衡量的家庭杠杆的重要性。诸多研究表明，中国房产市场繁荣与杠杆率之间存在较大的相关性，常见的因素如房价升值预期、地方政府和企业的抵押品需求（Song and Xiong, 2018）等能较好地解释杠杆率的变化。以房价升值预期为例，乐观的投资者会基于当前价格买房，但是会选择一个恰当的时间卖出以获得投机利润，并不会长时间持有。市场上存在较多的乐观投资者将造成房产市场繁荣的景象，这极大地影响了住房的刚性需求群体，也带来了相关债务违约的风险增加。为了减轻房地产价格下跌而带来的负面冲击，政府将不得不紧缩住房政策抑制房价上涨（Haughwout et al., 2011）。

住房价格的增长带来家庭财富的增加。目前研究财富增值的影响时，研究者通常使用调研数据中个体对资产的自估价值进行分析，而估值的准确性极大地影响分析结果的可靠性。有充分的证据表明，由于评估房产市场价值的信息有限，房主往往会高估房屋价值（Agarwal, 2007; Haurin et al., 2018）。这种趋势在发达国家和地区，如美国，中国香港特区（Benítez–Silva et al., 2015; Wang et al., 2000），以及菲律宾、墨西哥等发展中国家（Jimenez, 1982; Gonzalez–Navarro et al., 2009）都存在。贝尼特斯·席尔瓦等（2015）、王等（2000）认为由于市场信息的变化，住房价值随着商业周期的变化而改变，由于下个周期住房价值会随着市场泡沫的瓦解而降低，在当前周期内，房价上涨时购买房屋的房主可能会高估房价。

在中国，较大的估值偏差这一问题可能同样存在，我国居民的房产占家庭资产比例高，由于房地产交易市场管制较多、价格信息不准确、个体投资者自身不够成熟、受市场波动的影响易被放大等原因（Shiller, 2000; Puri and

Robinson, 2007; 赵静梅和吴风云, 2009; Xiong and Yu, 2011; Kiss et al., 2016), 居民产生估值偏误的可能性更大。不仅如此, 我国地区市场间异质性大, 尚未构建统一的市场化信息平台, 现有研究也主要基于自我构建的房价指数 (Wu et al., 2016; Fang et al., 2016), 常见的基于平均值或中位数构建的住房价格指数 (Gouriéroux and Laferrère, 2009) 也难以准确评估差异化的住房价值。因此, 对资产价值的评估而产生的估计偏误可能会更普遍, 进而对微观个体的行为产生更广泛的影响。

在本章的研究中, 我们利用中国家庭金融调查的微观数据研究居民对自有住房价值估计偏误如何影响家庭债务水平和负债结构。我们根据社区交易价格信息, 计算社区层面的房价上涨率, 并与家庭初始购房的价格相结合, 以评估真实的房屋价值,[①] 基于此进一步计算家庭层面的估值偏误。本章的研究发现, 居民高估自有住房的现象普遍存在, 这一估值偏误显著增加了家庭的债务水平——无论是正规的银行债务和非正式渠道的债务, 同时降低了家庭的资产流动性。而经过两种方法处理内生性问题后, 基准结果依然成立。同时, 进一步的异质性分析表明, 无论城市规模大小, 估值偏误对债务水平的影响都是广泛存在的。不仅如此, 那些没有抵押贷款负担的家庭, 其住房价值估计偏误和债务之间的关联更为显著; 而无论住房使用权如何, 住房价值估计偏误对家庭杠杆率都有显著影响。本章的发现对当前我国房产税改革实施的政策思考具有重要意义, 通过向家庭提供更准确的住房价值信息, 财产税可能会对家庭的杠杆水平和消费产生意想不到的后果。

本章其余部分作出如下安排: 3.2节基于逻辑推演, 介绍本章待检验的经验假说; 3.3节介绍了实证分析使用的数据和主要变量; 3.4节介绍实证分析结果, 包括了基准结果、内生性问题、稳健性检验、异质性分析, 以及估值偏误对消费、储蓄和幸福感的影响; 3.5节总结并讨论政策启示。

---

① 也有其他研究 (Fang et al., 2016) 采用类似的方法构建了城市一级的房价指数。

3.2 文献述评及经验假说

3.2.1 估值偏误的普遍性特征

有充分的证据表明，现有的房主可能无法对他们的房价进行准确的估计（Goodman and Ittner, 1992；Kiel and Zabel, 1999）。阿加瓦尔（Agarwal, 2007）将房主自我报告的房屋估价与金融机构的估价进行了比较，发现美国的房屋估价高估了 3.1%，并且这种高估与房主的消费和储蓄决策有关，而对房屋价值的高估又影响了房主的消费和储蓄策略。贝尼特斯·席尔瓦等（2015）基于健康和退休研究并结合美国住房调查的个人数据，发现房屋所有者对房产的自我估值并不准确，平均而言，对房屋的真实价值高估了 3.4% ~ 12.7%，作者认为这种高估是由房屋所有者对房屋未来价值的乐观预期造成的。在荷兰、澳大利亚和墨西哥，使用不同的数据集和测量值同样观察到房屋价值高估的现象（Cruijsen et al., 2014；Windsor et al., 2015；Melser, 2013；Gonzalez – Navarro and Quintana – Domeque, 2009）。

资产价值的估值偏误是一种广泛存在的现象，产生估值偏误的原因很多，但心理上的认识偏差被诸多学者认为是重要的原因之一。此类研究最早可追溯到塞勒（Thaler, 1980）和卡纳曼等（Kahneman et al., 1990）的发现，他们认为当个人获得一件商品后，对该商品的价值评价明显高于获得前的评价，即人们会高估自己拥有的物品的价值，并将这种现象称为"禀赋效应"（endowment effect）。希门尼斯（Jimenez, 1982）认为，拥有房屋长期使用权的房主更容易高估他们的房屋价值，而有较短的房屋使用期限的房主对房屋价值的估值偏误则相对更低。冈萨雷斯·纳瓦罗和昆塔纳·多梅克（Gonzalez – Navarro and Quintana – Domeque, 2009）的研究同样表明，房主住在房子里的时间越长，对房屋价值的自我估计就越高——可能是因为居住较长时间的房主对房子的真实价值不完全了解（Gabaix et al., 2006），而持有房屋时间较短的房主对房屋价值的估计往往更加准确，对于居住不到两年的房主来说，他们的评价和真实价值几乎没有差别。在荷兰也发现了类似的现象，克鲁伊森等（Cruijsen et al.，2014）证实了感知的房屋价值和禀赋效应之间的正相关关系，对当前房屋价值的高估与贷款—价值比、居住时间呈显著的正相关。当然，也有不同的观点认为新近拥有住房的房主对他们的房屋价值估计过于自信（Rabin and Schrag，1999；Agarwal，2007），导致新购住房的房主产生了更高的估值偏误。当然，也有研究认为对未来房价的乐观预期可能是导致自估的房屋价值和真实价值之间产生差异的原因，有的家庭认为过去房价的迅速上涨意味着未来也会有同样的增长，愿意承受当前购房带来的负担，但保持着对未来的乐观预期（Song and Xiong，2018）。另外，政府对土地资源的限额配置、房地产市场的调控干预，也增加了家庭对房价增长的乐观预期。

另一类研究认为房主的估值偏误是出于"理性"的策略动机。部分消费者理性地高估他们的财富，以要求银行提供信贷额度来增加家庭消费，流动性受限的家庭将通过抵押贷款增加消费，以应对正向的房价变化（Suari - Andreu，2021）。阿加瓦尔（Agarwal，2007）基于个体模型，发现了当房主需要满足当前消费的时候，会高估房屋价值，而当房主拟还清贷款时，往往会低估房屋价值。进一步的研究发现，住房市场信息获取的及时性和准确性对估计的准确性起着重要作用。库兹曼科和蒂明斯（Kuzmenko and Timmins，2011）利用美国人口普查数据和房屋交易的微观数据研究发现，房主对市场住房价格信息把握不准确是其对自有房屋价值产生估值偏误的重要原因，这一偏误同时受到入住的时间长短的影响。克鲁伊森等（2014）利用来自荷兰的微观数据进行研究后发现，个人搬家意愿和对家庭财务状况的熟悉程度是判断房屋实际价值的关键特征。此外，其他的人口统计学特征，如教育、年龄、性别和风险厌恶，以及商业周期等，也都会导致估值偏误的产生（Melser，2013；Benítez - Silva et al.，2015；Henriques，2013）。不过，也有研究进一步发现，这些原因存在一定程度的交互作用，如克鲁伊森等（Cruijsen et al.，2014）的研究表明，就算是一些信息获取渠道通畅的房主也会高估他们的住房价值，这种高估与房主性别、教育程度等特点有关；温莎等（Windsor et al.，2015）创造了一个衡量房屋价值的指标，研究后认为房主高估其房屋价值的偏误与房主的年龄、持有房屋的时间长短等特征有关。

3.2.2 家庭消费和负债的特点

住房价值估计偏误会产生实际的后果。高估自己房产价值的房主更可能增加支出，同时拖欠贷款；而低估房产价值的房主更可能减少他们的支出，并提前偿还贷款（Agarwal，2007）。科拉丁等（Corradin et al.，2016）构建理论模型并结合实证分析表明，估值偏误在影响家庭成员的购房行为、风险投资、非住房投资中起着关键作用，且大部分的影响可归因于个人的风险厌恶。具体而言，高估住房价值的房主较少投资高风险股票，股市参与率也降低，由于住房也是一种风险投资，房价的不确定性让房主选择规避风险，替代高风险的风险投资，并减少在非住房投资中的参与程度。高楠和梁平汉（Gao and Liang，2019）利用全面的中国家庭金融的调查数据，发现住房价值的估值偏误加剧了非理性的消费行为和借贷行为，恶化了消费的结构。长期来看，这加大了城镇家庭可能面临的金融风险，进而可能成为社会不稳定的来源之一。

住房财富在家庭消费中起着关键作用（Case et al.，2005；Campbell and Cocco，2007；Attanasio et al.，2009；Bostic et al.，2009；Gan，2010；Dong et al.，2017；Chen et al.，2020；Hui et al.，2018）。佩因特等（Painter et al.，2022）通过研究中国城镇居民后发现，住房财富中消费的隐含边际倾向为0.023，住房财富每增加1%，家庭消费增加0.14%。也有研究发现，住房财富增加1%将使家庭消费增加0.19%，而拥有不同的房屋所有权类型将对家庭消费产生不一样的影响：私人房屋所有权的房主在长期内会更积极地持续消费，而共同房屋所有权的房主只在短期内会积极消费（Chen et al.，2020）。许等（Hui et al.，2018a）认为，住房财富和消费之间存在金融市场这一重要的传导渠道，金融市场中的金融产品和抵押渠道有助于将住房财富转化成为消费，房主可以基于房屋净值的借贷申请信贷，套现房屋净值为消费提供资金（Agarwal，2007），从而将住房财富和消费联系起来；米安和苏菲（Mian and Sufi，2010，2011）同样认为房主可以从房屋净值中获利，房价上涨时，房主会利用其上涨的幅度为其消费进行抵押，并由此减少消费限制。

不仅如此，家庭的杠杆是住房财富作用于消费的重要渠道。经济体中房价上涨预期增加了微观家庭的杠杆需求（Adelino et al.，2018），这产生了重大的宏观经济后果。如果家庭拥有可预测的投资利润，他们将削减特定消费并使用杠杆进行更多投资（Zhang and Guo，2020），家庭杠杆率高的情况下，信贷冲击下的宏观经济波动就会增大（Ngo，2015），在房地产繁荣时期，家庭杠杆削弱了住房财富的消费支出，在房地产低迷时期，负向的住房效应对高杠杆率更加敏感（Roiste et al.，2021）。米安和苏菲（Mian and Sufi，2010，2011）与米安等（Mian et al.，2013）研究了家庭财富冲击对家庭消费的影响，研究表明，家庭随财富变化的消费弹性非常大，在面临较大的住房财富负面冲击时，由于面临较大的信贷约束，家庭的消费存在明显的减少，同时这一效应随着家庭收入和家庭杠杆的不同而存在较强的异质性。当然，杠杆率的提升对家庭消费支出是否有影响并未得到学界的一致意见，部分学者认为杠杆率对消费的影响是存在极大的异质性的，潘敏和刘知琪（2018）通过研究中国的家庭杠杆对其总支出和消费性支出的影响后，发现家庭杠杆会促进生存型消费的增加，强化了生存型消费的财富效应，但会抑制发展与享受型消费。进一步的研究结果发现，家庭杠杆虽然可以在总体上提高家庭总消费支出的水平，但却不能显著推动消费结构升级（Zhang and Guo，2020）。

3.2.3　经验假说

由于我国金融市场——尤其是消费金融发展不完善，二元化信贷市场问题普遍存在，家庭仍然面临很大的信贷约束（Cull et al.，2019），以住房为抵押品套现房屋净值的做法在家庭中并不常见，[①] 尤其当银行在处理房主的

---

① 基于家庭层面的调查数据研究显示，中国住房财富对家庭消费的影响远远大于发达经济体，这可能与金融市场投资的结构性限制有关（Chen et al.，2020）。

贷款申请时考虑的是抵押贷款余额的规模。[①] 不过，家庭仍然可以通过非正规金融（主要指除银行以外的其他渠道）向朋友和亲戚借款、减少预防性储蓄等方式来找到明确或含蓄的提取住房净值的方法。因此，我们可以预期住房价值的估计偏误可能会带来家庭杠杆率的增加，与此同时，随着家庭承担更多的债务，他们的财务负担会相应增加，而以现金、存款和流动资产在财富中的份额衡量的家庭流动性水平也会下降。基于此，我们提出了本章主要的经验假说。

假说 3-1：住房价值估计偏误增加了家庭的杠杆率，同时降低了家庭的流动性。

正如米安和苏菲（Mian and Sufi，2011）所观察到的，家庭杠杆率的实际影响取决于家庭如何使用借来的钱，他们没有发现任何证据表明现有的房主借钱购买新房或投资房产，或支付信用卡余额，这表明借来的资金可能用于消费。卡利恩多和黄（Caliendo and Huang，2008）的研究表明，如果消费者对资产收益率过于自信，他的消费将在整个生命周期中达到峰值。范和雅瓦斯（Fan and Yavas，2020）的研究同时表明，我国拥有抵押贷款的家庭面临未来购房的不确定性减少，因此他们的收入比例更高。潘敏和刘知琪（2018）表明家庭杠杆率会强化家庭总支出和消费性支出的财富消费效应，而且家庭杠杆对家庭总消费和非耐久消费具有正向影响（Zhang and Guo，2020）。因此，我们认为估值偏误增加家庭杠杆率的同时提升了家庭的消费水平和主观幸福程度。

假说 3-2：住房价值估计偏误与家庭消费和幸福呈正相关关系。

3.3 数据、变量和汇总统计信息

本书研究使用由中国人民银行和西南财经大学中国家庭金融调查研究中心联合发起的中国家庭金融调查（CHFS）的数据。该调查分别于 2011 年、

---

① 中国人民银行对商业银行实行严格的抵押贷款政策要求，一个住房单元不能作为多个抵押贷款的抵押品（Song and Xiong，2018）。

2013 年、2015 年、2017 年在全国范围内进行，覆盖了我国 29 个省份（除西藏、新疆外的 262 个县、区）。该调查的数据对家庭的状况进行了非常全面的记录，包含了一套关于家庭人口统计数据的丰富信息，以及社会经济状况，如年龄、受教育水平、家庭成员的职业等，同时记录了家庭收入、资产和负债。不仅如此，该调查还记录了关于家庭各种消费类别的支出和抵押贷款/非抵押贷款债务支付的细节。在调查的客观性方面，CHFS 采用分层随机抽样的方法来选择家庭进行调查。2011 年的调查覆盖了 8000 多户城乡家庭，2013 年的调查大幅扩大规模，覆盖了全国约 2.8 万户家庭。[1] 考虑到数据的完备性和客观性，本章的分析以中国 CHFS2013 调查中的城市家庭作为实证分析的主要样本。[2]

为了计算住房价值估计偏误，首先需要评估住房的真实价值。在文献中，房产价值通常通过市场价格、房价指数（Henriques，2013；Kuzmenko and Timmins，2011）或房地产机构的数据评估（Agarwal，2007；Gonzalez - Navarro and Quintana - Domeque，2009）。在我国，由于住房重复销售的信息记录相对较少，因此很难建立良好的价格指数。

本章参考方汉明等（2016）构建房价指数的方法评估每套房子的价格。CHFS 中询问了房主关于住房的购买年份、交易价格、房屋的大小（以平方米为计算单位）。[3] 由于每个城市社区都有 25 ~ 50 户家庭接受采访，观察了同一社区公寓的连续销售情况，并根据同一社区内拥有相似的物理特征和周边设施的房屋在一段时间内的出售情况建立了一个社区的房价指数。本章的主要假设是在同一社区内，不同住房的价格有着相同的增幅。[4] 基于此，使用住房的初始交易价格以及计算的社区房价年均增长率评估每套住宅当前的

---

[1]　见甘犁等（Gan et al.，2014）以了解关于该数据集的详细描述。

[2]　我们选取 2013 年的截面数据作为实证分析的数据，主要是出于以下原因考虑的：该调查 2015 年及之后年份的问卷结构有较大的调整，在询问家庭的收入结构和资产结构时，诸多问题的统计口径有所不同，导致实证分析时涉及住房资产物理特征和购房特征时不易进行统一。

[3]　由于交易价格是一个历史信息，它的准确性可能受业主的记忆力的影响，例如，业主可能忘记他为当前房屋支付的确切金额，这可能会导致测量误差的发生。然而，这种误差与导致估计偏差的因素无关。

[4]　如果一年内有多次交易，我们将取平均值计算社区房价增长率；如果在社区中一年内没有交易观察，我们将使用最近年份的信息来拟合年增长率；对于那些在 2013 年没有房屋交易信息的社区，我们使用最近一年的年增长率来推断。

价值。1998 年中国住房市场化改革启动，对于在 1998 年以前拥有房屋的家庭，本章使用 1998 年在同一社区观察到的交易价格作为初始价值。[①] 使用如下的公式计算实际的住房价值：

$$real\_value_i = size_i \times \overline{price_i} \qquad (3-1)$$

其中 $size_i$ 是居民 i 的住宅/公寓的建筑面积，[②] $\overline{price_i}$ 为根据同一社区住房交易的历史信息计算的房价。

估值偏误这一核心变量定义为访户自我报告的住房价值与真实住房价值之差与真实住房价值之比：

$$mis\ estimate = \frac{reported\ value - real\ value}{real\ value} \qquad (3-2)$$

估计偏误变量越大，住房价值估计偏误就越严重。值得一提的是，由于本章使用了一种非常不同的方法来估计真实住房价值，这种偏误率不能与其他文献中的估计值相比较（Benítez – Silva et al.，2015；Cruijsen et al.，2014；Windsor et al.，2015；Melser，2013）。需要注意的是，虽然本章对真实价值的评估可能会受到测量误差的影响，但它不太可能与家庭经济行为相关，因此不会对分析结果产生重大影响。在回归分析中，根据估值偏误的分布排除了偏误最高和最低的 1% 的家庭。

回归中同时控制了家庭和户主的其他特征，如家庭收入、家庭规模、家庭结构、家庭成员健康状况、户主年龄、婚姻状况、政治状况、受教育程度、工作职位和工作类别等。本章在模型中同时加入了社区的虚拟变量来控制可能影响家庭债务的社区共同因素，如房价预期通常与同一社区过去的价格相关。

此外，在调查过程中，作为对房主报告价值的交叉核对，每位受访者都被要求对居民住房价值进行评估，评估范围包括：5 万元以下、5 万 ~ 20 万元、20 万 ~ 50 万元、50 万 ~ 100 万元、100 万 ~ 150 万元及 150 万元以上。在后续的分析中，本章将使用这些信息作为真实住房价值的工具变量。

---

① 他们可能为购买当前的房子支付了非常低的价格，而交易价格和市场价格之间的差额则由政府提供补贴。
② 对于城市居民，每个公寓的大小都记录在政府颁发的财产证明中，仅有财产证明中的面积可被政府认可为合法财产。因此，尺寸的测量误差最小。

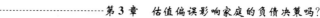

表 3-1 展示了主要变量的描述统计。面板 A 表示了主要变量的平均值、标准差、最小值和最大值，面板 B 显示了这些变量之间的简单相关系数。

表 3-1　　　　　　　　　关键变量的定义和描述统计

面板 A：变量描述统计

变量	定义	观测值	均值	标准误	最小值	最大值
deposit/HH asset	存款/家庭资产	12855	0.049	0.096	0.000	0.941
cash/HH asset	现金/家庭资产	12855	0.013	0.036	0.000	0.791
liquid asset/HH asset	流动资产/家庭资产	12855	0.068	0.110	0.000	0.951
financial asset/HH asset	金融资产/家庭资产	12855	0.078	0.123	0.000	0.965
HH debt/income	家庭负债/家庭收入	12548	1.267	4.145	0.000	37.879
HH bank debt/income	银行贷款/家庭收入	12548	0.559	1.977	0.000	13.673
HH nonbank debt/income	民间借贷/家庭收入	12548	0.533	2.233	0.000	18.164
log(housing debt amount)	log(负债总额)	12855	2.715	4.929	0.000	20.367
mis estimate (anul. gth)	估值偏误	12855	1.154	3.482	-0.784	17.570
log(real value) (anul. gth)	log(真实价值)	12855	3.418	1.261	-3.839	10.080
lincome	log(家庭收入)	12757	10.531	2.064	0.000	14.179
house_number	拥有住房套数	12855	1.215	0.527	0.000	14.000
house member	家庭成员数量	12855	3.353	1.421	1.000	16.000
raise_ratio	家庭抚养比	12855	0.404	0.313	0.000	1.000
bad health	身体状况是否差	12855	0.581	0.493	0.000	1.000
head age	户主年龄	12855	50.260	14.329	0.000	113.000
house head marriage	户主是否已婚	12855	0.869	0.337	0.000	1.000
party	是否党员	12855	0.206	0.404	0.000	1.000

面板 B：主要变量的相关系数

变量	deposit/ HH asset	cash/HH asset	liquid asset/ HH asset	financial asset/ HH asset	HH debt/ income	HH bank debt/ income	HH nonbank debt/income
mis estimate (anul. gth)	− 0.061 ***	− 0.052 ***	− 0.067 ***	− 0.060 ***	− 0.048 ***	− 0.050 ***	− 0.033 ***
log(real value)	− 0.034 ***	− 0.079 ***	− 0.041 ***	− 0.018 **	0.059 ***	0.136 ***	− 0.022 **
lincome	0.088 ***	− 0.016 *	0.093 ***	0.119 ***	− 0.300 ***	− 0.089 ***	− 0.307 ***
house_number	− 0.022 **	− 0.014	− 0.009	0.015 *	0.024 ***	0.071 ***	− 0.024 ***
house member	− 0.038 ***	0.037 ***	− 0.031 ***	− 0.038 ***	0.049 ***	0.001	0.073 ***
raise_ratio	0.042 ***	− 0.001	0.032 ***	0.018 **	− 0.063 ***	− 0.096 ***	− 0.020 **
bad health	− 0.032 ***	− 0.002	− 0.036 ***	− 0.053 ***	− 0.001	− 0.054 ***	0.047 ***
head age	0.008	− 0.031 ***	− 0.006	− 0.027 ***	− 0.135 ***	− 0.175 ***	− 0.056 ***
house head marriage	0.019 **	0.007	0.025 ***	0.028 ***	0.016 *	0.007	0.022 **
party	0.066 ***	− 0.016 *	0.064 ***	0.071 ***	− 0.042 ***	− 0.005	− 0.055 ***

注：* 指 $p < 0.1$，** 指 $p < 0.05$，*** 指 $p < 0.01$。

 图 3 − 1 显示了住房估值偏误的分布图。根据估算的房屋真实价值，数据显示超过一半的城市家庭高估了自己的房产价值。平均而言，自我报告的价值是真实价值的两倍。[①] 这和禀赋效应的框架是一致的：人们通常会高估自己的产品（Kahneman et al.，1990；Thaler，1980）。与此同时，统计描述的数据表明，估值偏误的分布呈现长尾分布的特点。另外，家庭的债务收入比（HH debt/income）均值为 1.267，银行贷款收入比与非银行贷款收入比的均值几乎相同，表明中国家庭的民间借款同样占有很大的比重。为了衡量家庭

---

 ① 为了更准确地估计实际房屋价值，我们排除了那些在 1999 年以后很长时间内没有任何房屋交易的社区。我们也排除了那些住宅是出租房屋/公寓的家庭。因此，最终的样本包含 12855 户家庭，占调查中城市家庭的 80% 以上。

流动性，本章使用家庭的现金持有份额（*cash/HH asset*）、家庭银行存款份额（*deposit/HH asset*）、家庭流动性份额（*liquid asset/HH asset*）和金融资产份额（*financial asset/HH asset*）等进行测量。[①]

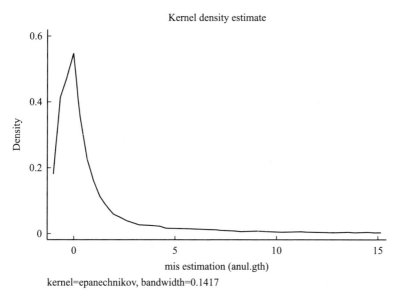

图 3-1 估值偏误（**mis estimation（anul. gth）**）分布

3.4 实证结果

3.4.1 基准回归结果：估计偏误和流动性

本章首先研究估计偏误和家庭杠杆之间的数量关系，使用以下的计量模型进行分析：

$$y_i = \beta_0 + \beta_1 mis\ estimate_i + \beta_2 \log(real\ value_i) + \beta_3 lincome_i$$

[①] 这些变量不可避免地与资产配置有关，特别是金融资产的份额。然而，现金、银行存款和金融资产的流动性要高于住房财富。我们认为，作为家庭经济负担的一种衡量标准，流动性降低使得家庭在面对收入的负向冲击时更加脆弱。

$$+ \gamma X_i + \sum community + \epsilon_i \qquad (3-3)$$

在假说 1 成立的前提下，当因变量为 $HH\ debt/income_i$，在控制了住房真实价值（$\log(real\ value_i)$）和家庭收入（$lincome_i$）的影响，并且排除家庭拥有的房屋数量、家庭规模、家庭结构、健康状况、年龄、受教育程度、婚姻状况、政治状况等一系列控制变量后，可以预期 $mis\ estimate_i$ 的系数应显著为正，模型估计使用了稳健的标准误。

表 3 – 2 中的（1）~（4）列报告了计量模型中以家庭流动性为因变量的 OLS 估计结果。结果表明，住房价值的估值偏误与银行存款、现金持有、流动资产和金融资产在家庭资产中的份额呈显著负相关关系，说明住房价值估计偏误降低了家庭的流动性，并带来了较大的财务负担。这证实了假说 3 – 1 的判断。

第（5）列展示了将住房价值估值偏误与家庭杠杆联系起来的回归结果。结果表明，除了房屋真实价值和收入的影响外，估值偏误对家庭债务—收入比有显著影响：估值偏误每增加一个标准差（3.482），家庭杠杆水平将增加 23.68%，且该系数在 1% 的显著性水平下显著。这一结果支持了假说 3 – 1 的前半部分，除了家庭收入和财富外，估值偏误在家庭债务决策中起着重要作用。第（6）列和第（7）列分别使用银行贷款—收入比和民间借贷—收入比作为因变量。结果表明，估值偏误对正式贷款和非正式贷款都有显著的影响。

表 3 – 2　　　　　　　　　基准结果：流动性和房屋价值估值偏误

变量	(1) deposit/ HH asset	(2) cash/ HH asset	(3) liquid asset/ HH asset	(4) financial asset/ HH asset	(5) HH debt/ income	(6) HH bank debt/ income	(7) HH nonbank debt/income
mis estimate (anul. gth)	-0.005 *** (0.000)	-0.002 *** (0.000)	-0.007 *** (0.001)	-0.007 *** (0.001)	0.068 *** (0.015)	0.022 *** (0.006)	0.027 *** (0.010)
log(real value) (anul. gth)	-0.014 *** (0.002)	-0.006 *** (0.001)	-0.021 *** (0.002)	-0.020 *** (0.002)	0.740 *** (0.069)	0.305 *** (0.030)	0.266 *** (0.041)
lincome	0.004 *** (0.001)	0.000 (0.000)	0.005 *** (0.001)	0.006 *** (0.001)	-1.473 *** (0.101)	-0.379 *** (0.037)	-0.652 *** (0.061)

续表

变量	（1）deposit/ HH asset	（2）cash/ HH asset	（3）liquid asset/ HH asset	（4）financial asset/ HH asset	（5）HH debt/ income	（6）HH bank debt/ income	（7）HH nonbank debt/income
house_number	−0.005 *** (0.002)	−0.000 (0.001)	−0.003 (0.002)	−0.001 (0.002)	0.497 *** (0.082)	0.244 *** (0.049)	0.118 *** (0.038)
house member	−0.003 *** (0.001)	0.000 (0.000)	−0.003 *** (0.001)	−0.004 *** (0.001)	0.190 *** (0.037)	0.024 (0.015)	0.105 *** (0.023)
business	0.005 (0.004)	0.003 ** (0.001)	0.006 (0.004)	0.009 ** (0.005)	0.868 *** (0.136)	0.524 *** (0.073)	0.158 ** (0.071)
raise_ratio	0.013 *** (0.004)	0.002 (0.001)	0.014 *** (0.004)	0.016 *** (0.005)	−0.455 *** (0.155)	−0.216 *** (0.068)	−0.156 * (0.089)
bad health	−0.006 *** (0.002)	−0.001 (0.001)	−0.007 *** (0.002)	−0.009 *** (0.003)	0.104 (0.087)	0.006 (0.041)	0.117 ** (0.049)
head age	−0.000 (0.000)	−0.000 ** (0.000)	−0.000 (0.000)	−0.000 (0.000)	−0.029 *** (0.004)	−0.015 *** (0.002)	−0.010 *** (0.002)
house head marriage	0.008 * (0.004)	0.001 (0.001)	0.012 ** (0.005)	0.015 *** (0.005)	0.409 *** (0.119)	0.107 * (0.060)	0.225 *** (0.064)
party	0.011 *** (0.004)	0.001 (0.001)	0.010 ** (0.004)	0.012 *** (0.005)	0.245 ** (0.097)	0.105 ** (0.051)	0.096 * (0.051)
社区虚拟变量	控制	控制	控制	控制	控制	控制	控制
教育虚拟变量	控制	控制	控制	控制	控制	控制	控制
工作类型	控制	控制	控制	控制	控制	控制	控制
工作头衔	控制	控制	控制	控制	控制	控制	控制
风险态度	控制	控制	控制	控制	控制	控制	控制
观测值	12751	12751	12751	12751	12444	12444	12444
R^2	0.119	0.0973	0.135	0.143	0.227	0.158	0.185

注：括号内为稳健性标准误，* 指 $p < 0.1$，** 指 $p < 0.05$，*** 指 $p < 0.01$。

3.4.2　内生性处理和稳健性检验

一个重要的顾虑是估计偏误和家庭杠杆之间的关系可能存在严重的遗漏变量问题。部分无法观测到的个人特征，包括出生地、文化背景、乐观主义的个性，可能在家庭资产价值估计中产生影响，并可能同时影响家庭的杠杆决策。

为了解决这一内生性问题，我们采用了两种方法。

第一，我们使用访员入户调查时对住房价值的主观估计作为实际房屋价值的工具变量。具体而言，在基准回归中，家庭成员对房产真实价值的估计可能会通过一些遗漏变量与家庭杠杆率的决策相关，导致基准结果存在着偏误的可能性。[①] 当使用访员对住房的估计作为工具变量时，由于这是对同一所房产的价值估计，这一估计理应和住房的真实价值高度相关，同时访员的这一估计是独立于家庭成员的，因而独立于受访者的决策行为。

第二，我们通过构造（较短的）面板数据，使用固定效应模型来消除不随时间变化的不可观察的个体特征，如偏好和能力等。诸多已有研究表明，许多个人固定的特征，如乐观情绪等，会影响对房价的预期，进而影响家庭的消费和储蓄行为。第一轮调查——CHFS2011 覆盖了约 8500 户中国家庭，其中一半居住在城镇，而在第二轮调查——CHFS2013 中，大约有 3500 户被成功追踪并配合接受采访，但 2013 年只有不到 2900 户家庭回答了相关问题，当然，在 2011 年和 2013 年的 CHFS 调查中，绝大多数问题都是相似的。

表 3-3 中的面板 A 为使用工具变量并进行 2SLS 估计后的结果。我们在回归中同时控制了住房的真实价值、家庭收入、家庭其他特征和户主特征。第（1）~（4）列使用流动性变量作为被解释变量。第（5）列的被解释变量为家庭债务收入比，第（6）列和第（7）列分别报告了估值偏误对正规借贷和民间借贷的影响。根据回归结果，所有的回归模型中，估值偏误的影响都在统计学意义上显著，并且符合我们的预期，证明即使处理了潜在的内生性

---

① 均值错误估计的计算在基线回归结果中仍然使用相同的方法，例如，我们使用同一社区内的房价交易信息来评估真实的均值。

问题，假说 3 - 1 的结论也依然成立。

表 3 - 3 中的面板 B 报告了使用个体固定效应模型进行估计后的结果。参考基准回归模型，我们同时控制了住房的真实价值、家庭收入、其他家庭特征和户主特征。随着样本量的显著减少，可以发现系数的显著性水平也会降低。然而，核心变量的系数依然与基准结果一致，住房价值估值偏误对家庭的流动性和债务收入比的影响仍然显著。

表 3 - 3　　　　　　　　　　　　　内生性检验

变量	(1)	(2)	(3)	(4)	(5)	(6)	(7)
	deposit/ HH asset	cash/ HH asset	liquid asset/ HH asset	financial asset/ HH asset	HH debt/ income	HH bank debt/ income	HH nonbank debt/income
面板 A：2SLS 估计							
log(real value) (anul. gth)	− 0.031 *** (0.007)	− 0.014 *** (0.002)	− 0.044 *** (0.008)	− 0.046 *** (0.008)	1.484 *** (0.226)	0.504 *** (0.093)	0.576 *** (0.137)
mis estimate	− 0.007 *** (0.001)	− 0.003 *** (0.000)	− 0.010 *** (0.001)	− 0.011 *** (0.001)	0.187 *** (0.037)	0.054 *** (0.016)	0.076 *** (0.023)
社区虚拟变量	控制	控制	控制	控制	控制	控制	控制
教育虚拟变量	控制	控制	控制	控制	控制	控制	控制
工作类型	控制	控制	控制	控制	控制	控制	控制
工作头衔	控制	控制	控制	控制	控制	控制	控制
风险态度	控制	控制	控制	控制	控制	控制	控制
观测值	12611	12611	12611	12611	12309	12309	12309
R^2	0.108	0.0816	0.118	0.126	0.216	0.155	0.178
面板 B：固定效应模型							
mis estimate	− 0.002 * (0.001)	− 0.001 *** (0.001)	− 0.004 *** (0.001)	− 0.004 *** (0.001)	0.074 ** (0.035)	0.025 * (0.014)	0.006 (0.017)
log(real value) (anul. gth)	− 0.012 ** (0.006)	− 0.005 ** (0.002)	− 0.019 *** (0.006)	− 0.018 *** (0.006)	0.318 * (0.177)	0.154 ** (0.061)	0.015 (0.114)
社区虚拟变量	控制	控制	控制	控制	控制	控制	控制

续表

变量	(1) *deposit/ HH asset*	(2) *cash/ HH asset*	(3) *liquid asset/ HH asset*	(4) *financial asset/ HH asset*	(5) *HH debt/ income*	(6) *HH bank debt/ income*	(7) *HH nonbank debt/income*
教育虚拟变量	控制	控制	控制	控制	控制	控制	控制
工作类型	控制	控制	控制	控制	控制	控制	控制
工作头衔	控制	控制	控制	控制	控制	控制	控制
风险态度	控制	控制	控制	控制	控制	控制	控制
观测值	5835	5828	5828	5835	5675	5675	5675
R^2	0.0262	0.0301	0.0362	0.0381	0.169	0.0692	0.121

注：括号中为稳健性标准误，∗指 $p<0.1$，∗∗指 $p<0.05$，∗∗∗指 $p<0.01$。

准确测量估值偏误的另一个关键问题是对住房真实价值的准确评估。由于住房价值是由许多物理属性决定的，如楼层、窗户的朝向等，应该从多个角度讨论我们测量的真实价值的可靠性。基于此，我们同时使用另外两种方法来测量住房的真实价值并进行稳健性检验。

第一，我们参考温莎等（Winsor et al.，2015）、库兹曼科和蒂明斯（Kuzmenko and Timmins，2011）等的研究，从住房交易机构收集住房交易数据，使用特征价格模型来评估真实的住房价值，并以此测量家庭的估值偏误。在特征模型中，我们利用了住房的各类物理属性和社区特征，如房产类型、住宅年龄、收益率、附近房价、购买价格、房间、大小、楼层、到城市中心的距离等，以及家庭特征，包括家庭年龄结构、家庭规模等估算住房的真实价值。住房交易数据来自中国领先的房地产市场数据公司——禧泰数据的网站。[①]值得注意的是，该网站提供的是社区平均房价，因此我们将其作为被

---

① 网站地址：http://www.cityre.cn/。正如主页上所介绍的，该公司正在与中国房地产协会合作，其数据集结合了自2005年以来来自31万家房地产经纪公司、1万名合作伙伴和9300个公共网站的房地产交易记录。与此同时，该数据集仔细验证了这些数据的可靠性，消除了重复的交易信息。最终涵盖了超过20亿笔交易（包括出租和销售），覆盖了全国367个城市的交易。我们从公司的应用程序中匹配了CHFS2013中的社区信息，并提取了2013年底的社区层面住房平均价格，用以估计特征模型。

解释变量，以个人住房特征、社区特征、户主和家庭特征作为解释变量来估计特征模型——估计的系数意味着这些属性对住房价值的平均贡献率。基于此，我们利用估计的特征模型来评估真实的住房价值，并计算住户对自有房产价值的估值偏误。

第二，我们使用同一社区内其他住户自我报告的平均房价来估算真实的住房价值，并测量估值偏误。从社区层面来看，如果自我报告的住房价值在真实值附近随机波动，那么住房价值估计的偏差会相互抵销，从而获得社区层面的真实房价。此外，邻居自我报告的住房价值不太可能与家庭杠杆相关。

表 3 − 4 中的面板 A1 和 A2 分别报告了以特征模型测算真实住房价值的 OLS 和 2SLS 结果。2SLS 仍然使用受访者的评估作为真实住房价值的工具变量。表 3 − 4 中的面板 B1 和 B2 报告了使用邻居自我估计的均值来测算真实住房价值的回归结果。模型中关键变量的回归系数虽然来源于不同的模型不具有可比性，但各自的符号和统计学意义仍然存在。无论是正式还是民间借款，住房价值的估值偏误都会对家庭债务—收入比产生显著的正向影响。另外，家庭流动性会随着住房价值估值偏误的增加而减弱。这些为假说 3 − 1 进一步提供了有力的证据。

表 3 − 4　　　　　　　　　　　稳健性检验：替代测量

变量	(1) deposit/ HH asset	(2) cash/ HH asset	(3) liquid asset/ HH asset	(4) financial asset/ HH asset	(5) HH debt/ income	(6) HH bank debt/ income	(7) HH nonbank debt/income
面板 A1：特征模型估计真实价值（OLS）							
mis estimation （特征模型）	− 0.047 *** (0.004)	− 0.011 *** (0.001)	− 0.059 *** (0.005)	− 0.060 *** (0.005)	1.074 *** (0.161)	0.532 *** (0.081)	0.278 *** (0.076)
log(*real value*) （特征模型）	− 0.013 *** (0.003)	− 0.006 *** (0.001)	− 0.019 *** (0.003)	− 0.019 *** (0.003)	0.563 *** (0.105)	0.164 *** (0.044)	0.269 *** (0.063)
观测值	14145	14145	14145	14145	13802	13802	13802
R^2	0.124	0.110	0.143	0.148	0.225	0.160	0.186

变量	(1) deposit/ HH asset	(2) cash/ HH asset	(3) liquid asset/ HH asset	(4) financial asset/ HH asset	(5) HH debt/ income	(6) HH bank debt/ income	(7) HH nonbank debt/income
面板 A2：特征模型估计真实价值（2SLS）							
log(real value) （特征模型）	-0.033*** (0.011)	-0.018*** (0.003)	-0.049*** (0.012)	-0.051*** (0.013)	1.968*** (0.358)	0.579*** (0.154)	0.880*** (0.207)
mis estimation （特征模型）	-0.055*** (0.005)	-0.015*** (0.002)	-0.070*** (0.006)	-0.072*** (0.006)	1.579*** (0.208)	0.681*** (0.095)	0.492*** (0.109)
观测值	13993	13993	13993	13993	13656	13656	13656
R^2	0.119	0.0916	0.132	0.138	0.208	0.153	0.175
面板 B1：邻居均值估计真实价值（OLS）							
mis estimate （邻居平均）	-0.014*** (0.002)	-0.005*** (0.001)	-0.019*** (0.002)	-0.020*** (0.002)	0.370*** (0.062)	0.159*** (0.029)	0.134*** (0.030)
log(real value) （邻居平均）	-0.013*** (0.003)	-0.008*** (0.002)	0.022*** (0.003)	-0.022*** (0.004)	0.606*** (0.099)	0.169*** (0.042)	0.308*** (0.058)
观测值	15611	15611	15611	15611	15222	15222	15222
R^2	0.127	0.106	0.148	0.152	0.214	0.150	0.179
面板 B2：邻居均值估计真实价值（2SLS）							
log(real value) （邻居平均）	-0.033*** (0.010)	-0.017*** (0.003)	-0.048*** (0.011)	-0.049*** (0.012)	1.608*** (0.337)	0.503*** (0.138)	0.682*** (0.197)
mis estimate （邻居平均）	-0.016*** (0.002)	-0.006*** (0.001)	-0.022*** (0.002)	-0.023*** (0.002)	0.488*** (0.073)	0.198*** (0.032)	0.178*** (0.038)
观测值	15447	15447	15447	15447	15064	15064	15064
R^2	0.121	0.0956	0.139	0.144	0.206	0.145	0.175

注：所有模型控制了社区虚拟变量、家庭教育、工作状态、风险态度等变量。括号内为稳健性标准误，* 指 $p<0.1$，** 指 $p<0.05$，*** 指 $p<0.01$。

有充分的记录表明，在过去的几十年里，中国的房价迅速上涨（Fang, et al.，2016）。居民对未来房价的增长已形成了一定的预期，这一预期偏差

（即使可能是错误的）可能会影响家庭对当前房价非理性的评估并影响家庭的债务和流动性。不幸的是，我们使用的数据中只有 2011 年的调查中采集了有关家庭预期（未来房价、CPI、利率）的问题。因此，我们以 CHFS2011 的横截面数据作为样本，在基准模型的基础上额外加入家庭预期的控制变量。回归结果如表 3 - 5 所示。由于样本量的大幅缩小，虽然回归系数的显著性水平有所降低，但关键变量仍然与之前的结果保持一致：随着估计偏误的增加，家庭流动性下降，债务—收入比增加。

表 3 - 5　　　　　　　　　　　稳健性：未来预期

变量	(1) deposit/ HH asset	(2) cash/ HH asset	(3) liquid asset/ HH asset	(4) financial asset/ HH asset	(5) HH debt/ income	(6) HH bank debt/ income	(7) HH nonbank debt/income
mis estimate (anul. gth)	- 0.006 *** (0.001)	- 0.002 ** (0.001)	- 0.009 *** (0.002)	- 0.010 *** (0.002)	0.049 * (0.028)	0.011 (0.012)	0.015 (0.017)
log(real value) (anul. gth)	- 0.020 *** (0.004)	- 0.008 * (0.005)	- 0.029 *** (0.006)	- 0.032 *** (0.008)	0.394 *** (0.140)	0.168 *** (0.051)	0.080 (0.077)
社区虚拟变量	控制	控制	控制	控制	控制	控制	控制
教育虚拟变量	控制	控制	控制	控制	控制	控制	控制
工作类型	控制	控制	控制	控制	控制	控制	控制
工作头衔	控制	控制	控制	控制	控制	控制	控制
风险态度	控制	控制	控制	控制	控制	控制	控制
未来预期（利率）	控制	控制	控制	控制	控制	控制	控制
未来预期（CPI）	控制	控制	控制	控制	控制	控制	控制
未来预期（房价）	控制	控制	控制	控制	控制	控制	控制
观测值	2839	2839	2839	2839	2798	2798	2798
R^2	0.153	0.118	0.168	0.182	0.158	0.133	0.120

注：括号内为稳健性标准误，* 指 $p < 0.1$，** 指 $p < 0.05$，*** 指 $p < 0.01$。

3.4.3 异质性分析

我们已经证明，住房价值估计偏误显著增加了正式和非正式借款的家庭债务收入比，并降低了家庭流动性。尽管工具变量的结果证实了从估值偏误到家庭杠杆的因果关系，但仍然有可能因为抵押贷款的原因导致我们的结果存在反向因果的问题。例如，我国城镇家庭近 3/4 的财富表现为住房形式，抵押贷款给普通城镇家庭带来了巨大的经济负担（平均首付要求为 30% ~ 40%），所以或许是为了减轻抵押贷款的经济压力，家庭成员可能一厢情愿地高估了其住房价值。不幸的是，CHFS 并没有询问家庭每笔贷款——包括抵押贷款的具体时间。因此，在表 3 – 6 的异质性分析中，我们根据家庭是否有抵押贷款将家庭分为两个子样本，用以区分抵押贷款对住房价值估计偏误的影响。样本中有 9693 户家庭没有抵押贷款，而 3058 户家庭有抵押贷款。

表 3 – 6 中的面板 A 报告了基于无抵押贷款家庭样本的结果，如（1）~ （4）列的回归结果所示，对于没有抵押贷款的家庭，住房价值估计偏误显著降低了流动资产在家庭资产中的比重。这表明，抵押贷款负担不太可能是流动性下降的唯一原因。

第（5）列报告了以债务收入比为因变量的回归结果。估值偏误的回归系数为 0.023，并在 5% 的显著性水平下显著，表明住房价值估计偏误与家庭杠杆之间存在稳健的关系。平均而言，对于没有抵押贷款负担的家庭，住房价值估值偏误每增加 1 个标准单位，家庭的债务收入比增加约 8.01%。不过，值得一提的是，该系数的大小仅为表 3 – 2 基准结果估计的 1/3（0.068），在一定程度上说明了抵押贷款确实作用于住房价值的估值偏误对家庭杠杆的影响。第（6）列和第（7）列的结果表明，对于没有抵押贷款的家庭，住房价值的估值偏误仍与正规金融借贷显著相关，但与民间借贷行为并无显著关系。此外，住房的真实价值与更多的正规金融借贷显著相关，但与民间借贷行为无显著相关。这表明，没有抵押贷款的家庭财务受限较少，高估资产的家庭可以利用银行贷款从房屋净值中提取资金。

表3-6 异质性分析：抵押贷款的影响

变量	(1) deposit/ HH asset	(2) cash/ HH asset	(3) liquid asset/ HH asset	(4) financial asset/ HH asset	(5) HH debt/ income	(6) HH bank debt/ income	(7) HH nonbank debt/income
面板A：无抵押住房贷款（OLS）							
mis estimate (anul. gth)	-0.005*** (0.001)	-0.002*** (0.000)	-0.007*** (0.001)	-0.007*** (0.001)	0.023** (0.009)	0.009*** (0.004)	0.004 (0.005)
log(real value) (anul. gth)	-0.014*** (0.002)	-0.007*** (0.002)	-0.021*** (0.003)	-0.019*** (0.003)	0.127*** (0.048)	0.039*** (0.013)	0.039 (0.029)
观测值	9693	9693	9693	9693	9453	9453	9453
R^2	0.132	0.114	0.151	0.158	0.117	0.109	0.0908
面板B：有住房抵押贷款（OLS）							
mis estimate (anul. gth)	-0.003*** (0.001)	-0.001*** (0.000)	-0.004*** (0.001)	-0.004*** (0.001)	0.171*** (0.064)	0.042 (0.030)	0.097** (0.045)
log(real value) (anul. gth)	-0.008*** (0.003)	-0.003*** (0.001)	-0.010*** (0.003)	-0.011*** (0.004)	1.973*** (0.198)	0.798*** (0.118)	0.709*** (0.140)
观测值	3058	3058	3058	3058	2991	2991	2991
R^2	0.237	0.260	0.251	0.284	0.643	0.436	0.524

面板C：交互项

变量	(1) Y = Housing mortgage balance/income OLS	(2) Y = Housing mortgage balance/income 2SLS	(3) Y = other debt/income OLS	(4) Y = other debt/income 2SLS
mis estimate (anul. gth)	0.039*** (0.011)	0.107*** (0.025)	0.047*** (0.012)	0.127*** (0.029)
log(real value) (anul. gth)	0.515*** (0.046)	0.945*** (0.149)	0.390*** (0.052)	0.894*** (0.174)
社区虚拟变量	控制	控制	控制	控制
教育虚拟变量	控制	控制	控制	控制
工作类型	控制	控制	控制	控制

续表

变量	(1)	(2)	(3)	(4)
	$Y = Housing\ mortgage\ balance/income$		$Y = other\ debt/income$	
	OLS	2SLS	OLS	2SLS
工作头衔	控制	控制	控制	控制
风险态度	控制	控制	控制	控制
观测值	12444	12309	12444	12309
R^2	0.192	0.184	0.198	0.188

注：括号内为稳健性标准误，* 指 $p < 0.1$，** 指 $p < 0.05$，*** 指 $p < 0.01$。

有住房抵押贷款的家庭的结果却有所不同。表 3-6 中的面板 B 第（1）~（4）列的结果表明，住房价值估值偏误持续降低了家庭资产流动性。面板 B 中的第（5）列显示，有住房抵押贷款的家庭，估值偏误对债务收入的影响系数比无住房抵押贷款的家庭更大（0.171）。此外，面板 B 中的第（6）列和第（7）列结果显示，住房价值估值偏误与银行借款并不存在显著关系，但与民间借款显著相关。因此，抵押贷款确实对家庭产生了一定的财务约束，并影响了家庭杠杆率的结构。

在表 3-6 的面板 C 中，我们进一步将住房抵押贷款余额与其他债务分开。在第（1）列和第（2）列中，我们使用抵押贷款收入比率（$Y = Housing\ mortgage\ balance/income$）作为被解释变量，在第（3）列和第（4）列中，我们使用其他债务收入比（$Y = other\ debt/income$）作为被解释变量。我们同时使用 OLS 和 2SLS 来估计基准模型。我们发现回归结果和前文基本一致：住房价值估值偏误显著增加了住房抵押贷款余额和其他债务。

由于我国户籍制度的限制，拥有住房的城镇居民相比农村居民能享受到更多的城市福利，因此中国的住房市场具有高度的区域分割性。2003 ~ 2013 年，4 个一线城市的房价年均增长率为 13.1%，31 个二线城市和其他 85 个三线城市的房价年均增长率为 10.5%（Fang et al.，2016）。本章进一步讨论估值偏误是否对家庭杠杆产生地区的异质性影响。具体而言，我们将家庭分为一二线城市（人口最多和经济最重要的大都市地区）和其他层级城市两个子样本，分别讨论估值偏误对家庭杠杆率的影响。表3-7的分析结果表明，住房价值估值偏误对于家庭流动性的影响在大城市和小城市都存在。此外，估值偏误在大城市更多地影响家庭的正规金融信贷，而在小城市更多地影响家庭的民间借贷，一定程度上意味着估值偏误对家庭杠杆的影响受到地方金融发展程度的影响。

表3-7 异质性分析：城市级别

变量	(1)	(2)	(3)	(4)	(5)	(6)	(7)
	deposit/ HH asset	cash/ HH asset	liquid asset/ HH asset	financial asset/ HH asset	HH debt/ income	HH bank debt/ income	HH nonbank debt/income
面板A：一二线城市（OLS）							
mis estimate (anul. gth)	-0.005*** (0.001)	-0.001*** (0.000)	-0.007*** (0.001)	-0.007*** (0.001)	0.060*** (0.019)	0.034*** (0.009)	0.007 (0.012)
log(real value) (anul. gth)	-0.015*** (0.002)	-0.005** (0.002)	-0.021*** (0.003)	-0.020*** (0.003)	0.710*** (0.091)	0.343*** (0.044)	0.193*** (0.052)
观测值	6238	6238	6238	6238	6099	6099	6099
R^2	0.115	0.0899	0.128	0.134	0.226	0.173	0.172
面板B：其他层级城市（OLS）							
mis estimate (anul. gth)	-0.004*** (0.001)	-0.002*** (0.000)	-0.006*** (0.001)	-0.006*** (0.001)	0.082*** (0.025)	0.012 (0.008)	0.050*** (0.018)
log(real value) (anul. gth)	-0.014*** (0.002)	-0.006*** (0.002)	-0.020*** (0.003)	-0.019*** (0.004)	0.772*** (0.106)	0.270*** (0.042)	0.341*** (0.065)
观测值	6450	6450	6450	6450	6283	6283	6283
R^2	0.127	0.104	0.147	0.156	0.236	0.143	0.203

注：括号中为稳健性标准误，*指$p<0.1$，**指$p<0.05$，***指$p<0.01$。

根据前人文献，可以发现住房价值估值偏误源于个体的禀赋效应，个人倾向于高估他们所拥有的商品（Thaler，1980；Kahneman et al.，1990）。因此，研究不同住房使用时间下估值偏误对家庭杠杆率的异质性影响是有价值的议题。表3-8根据住房使用年限将家庭分为两个子样本（5年以上或5年以下）。结果表明，最近购买房屋（房屋使用时间低于5年）的家庭其估值偏误的平均程度为 1.017，而长期持有房屋（超过 5 年）的家庭估计偏误的平均程度为 1.196。与禀赋效应预测相一致的是，那些长期拥有住房的家庭会更多地高估其住房价值，并且其估值偏误对家庭流动性的影响显著强于最近购买房屋的家庭。然而，长期拥有住房的家庭，其估值偏误对家庭的债务—收入比的影响却更小。[①] 可能是那些居住时间较长的家庭对房地产市场的变化不那么敏感，因此，他们对资产的估计变得相对稳定，减轻了估值偏误和杠杆之间的关系。[②]

表 3-8　　　　　　　　　　异质性分析：住房使用时间（5 年）

变量	(1) deposit/ HH asset	(2) cash/ HH asset	(3) liquid asset/ HH asset	(4) financial asset/ HH asset	(5) HH debt/ income	(6) HH bank debt/ income	(7) HH nonbank debt/income
面板 A：居住 5 年以下的家庭（估值偏误：平均值 = 1.017；标准差 = 3.128）							
mis estimate (anul. gth)	-0.003*** (0.001)	-0.001*** (0.000)	-0.003*** (0.001)	-0.004*** (0.001)	0.178*** (0.054)	0.085*** (0.024)	0.047 (0.033)
log(real value) (anul. gth)	-0.014*** (0.003)	-0.002*** (0.001)	-0.015*** (0.003)	-0.017*** (0.005)	1.662*** (0.198)	0.860*** (0.105)	0.504*** (0.110)
观测值	2955	2955	2955	2955	2884	2884	2884
R^2	0.260	0.272	0.276	0.281	0.433	0.344	0.393
面板 B：居住 5 年以上的家庭（估值偏误：平均值 = 1.196；标准差 = 3.584）							
mis estimate (anul. gth)	-0.005*** (0.001)	-0.002*** (0.000)	-0.008*** (0.001)	-0.008*** (0.001)	0.045*** (0.016)	0.009 (0.006)	0.022* (0.011)
log(real value) (anul. gth)	-0.013*** (0.002)	-0.008*** (0.002)	-0.022*** (0.003)	-0.020*** (0.003)	0.507*** (0.072)	0.174*** (0.028)	0.197*** (0.044)
观测值	9796	9796	9796	9796	9560	9560	9560
R^2	0.135	0.122	0.156	0.163	0.200	0.150	0.167

注：括号中为稳健性标准误，* 指 $p < 0.1$，** 指 $p < 0.05$，*** 指 $p < 0.01$。

---

① 如果我们将住房使用权和家庭价值错误估计之间的交互项作为解释变量，那么这个交互项的系数显著为负，表明随着家庭在房子里居住的时间越长，错误估计和杠杆水平之间的关系减弱。
② 我们感谢一个审稿人指出了这一点。

3.4.4 估值偏误的其他后果

最后，我们研究住房估值偏误对家庭其他经济行为的影响，以检验我们的假说 3 - 2。米安和苏菲（Mian and Sufi，2010）对美国家庭的研究表明，住户对资产价值高估是期望增加房屋净值估值而获得借贷资金进行消费。由于抵押贷款减少了买房的不确定性，拥有抵押贷款的中国房主将增加消费（Fan and Yavas，2020）。因此，如果房主对自己的财富拥有非理性预期，他们可以通过借款或减少预防性储蓄来增加消费。不仅如此，通常的观念认为，住房财富的增加将有助于提升居民的幸福，但不断上涨的房价可能会降低房主的幸福感，因为他们可能会后悔没有在完美的时机买房。鉴于此，在本章的研究框架下，有必要探索估计偏误对幸福的影响。

表 3 - 9 以住房价值估计偏误、真实住房价值和家庭债务收入比作为关键解释变量。第（1）列和第（2）列分别报告了以消费（对数）（$lconsump$）和储蓄率（储蓄收入比）（$saving$）作为被解释变量的 OLS 结果。结果表明，住房价值估值偏误和债务收入比与家庭消费呈显著正相关，而与家庭储蓄率呈负相关关系，并且各系数在 1% 的显著水平下显著。第（3）列和第（4）列报告了使用有限面板数据构造固定效应模型估计的结果，第（5）列和第（6）列展示了使用工具变量进行 2SLS 的结果。从结果来看，一方面，家庭的杠杆率增加了消费，并减少了家庭储蓄，这和文献的发现基本一致；另一方面，回归模型中即使控制了家庭杠杆率，估值偏误对消费和储蓄的影响也依然存在。这表明，高估住房价值的房主显著提高了融资消费的水平。最后，第（7）列和第（8）列分别使用 Probit 和 IV - Probit 模型研究家庭成员的幸福程度（$happiness$），结果表明房价估值偏误对家庭成员的幸福水平存在积极的影响，然而，债务收入比在解释幸福方面变得不再显著。结合第（1）~（6）列的结果，最后两列的结果在一定程度上说明幸福程度的增加可能是源于消费水平的提升。由此，我们的假说 3 - 2 得到了证实，估值偏误的家庭可能通过借贷或者减少储蓄的方式增加消费，从而提升了幸福水平。

表 3-9   估值偏误的后果：消费、储蓄和幸福

变量	(1)	(2)	(3)	(4)	(5)	(6)	(7)	(8)
	OLS		FE		2SLS		Probit	IV-Probit
	lconsump	*saving*	*lconsump*	*saving*	*lconsump*	*saving*	*happiness*	
mis estimate (*anul. gth*)	0.026 *** (0.003)	-0.051 *** (0.010)	0.027 *** (0.007)	-0.063 (0.049)	0.057 *** (0.007)	-0.107 *** (0.020)	0.015 *** (0.006)	0.056 *** (0.011)
log(*real value*) (*anul. gth*)	0.127 *** (0.011)	-0.251 *** (0.036)	0.045 (0.029)	-0.204 (0.249)	0.329 *** (0.040)	-0.605 *** (0.109)	0.076 *** (0.020)	0.332 *** (0.061)
HH debt/income	0.017 *** (0.002)	-0.113 *** (0.014)	0.008 * (0.004)	-0.342 ** (0.138)	0.013 *** (0.003)	-0.105 *** (0.014)	0.002 (0.003)	-0.003 (0.003)
社区虚拟变量	控制	控制	控制	控制	控制	控制	控制	控制
教育虚拟变量	控制	控制	控制	控制	控制	控制	控制	控制
工作类型	控制	控制	控制	控制	控制	控制	控制	控制
工作头衔	控制	控制	控制	控制	控制	控制	控制	控制
风险态度	控制	控制	控制	控制	控制	控制	控制	控制
观测值	12444	12353	5675	5665	12309	12220	12440	12305
R^2	0.484	0.533	0.209	0.306	0.464	0.528	0.099	

注：括号中为稳健性标准误，* 指 $p < 0.1$，** 指 $p < 0.05$，*** 指 $p < 0.01$。

当然，值得注意的是，估值偏误对家庭的影响可能不仅仅是在消费和储蓄等方面，对家庭后续的投资和购房行为可能同样存在一定的影响。根据 CHFS2015 的数据，在 2013 年接受采访的城市家庭中，有 3.5% 的城市家庭在 2013~2015 年购买了新房。我们进一步比较了那些购房的家庭和没有购房的家庭之间的平均估值偏误。结果发现二者的均值并无显著差异：2013~2015 年购房家庭的平均估值偏误为 1.131，而未购房家庭的平均估值偏误为 1.246。与米安和苏菲（Mian and Sufi, 2010、2011）研究发现一致的是，这在一定程度上说明这些家庭从房屋净值中提取资金（尽管不一定通过银行借款进行再融资）主要用于新增消费，而非用于投资或购房。当然，关于估值偏误对家庭消费的影响，本章的研究相对精简，结论的科学性需要进一步挖

掘，我们将在下一章进行深入的探讨。

3.5　本章小结

　　本章探讨了住房价值估值偏误对我国家庭杠杆率的影响。通过采用我国全面的家庭金融调查数据，根据社区中的房产交易记录估计了真实的住房价值，并使用自估的住房价值与真实住房价值之间的差异作为核心变量。与此同时，通过使用访员的估计作为工具变量，构造短期面板数据建立固定效应模型处理潜在的内生性问题。经过研究后发现，在控制了真实住房价值、收入、个人和家庭等特征变量后，住房估值偏误对家庭杠杆存在显著的正向影响，并且家庭的资产流动性会随着估值偏误的增加而减弱。这一结论在采用特征模型、同社区内其他住房价值的均值作为估计真实价值的方法后仍然成立。与此同时，我们发现家庭选择正规金融和民间借贷同样与估值偏误相关。此外，稳健性检验显示，无论是基于家庭有无抵押贷款、城市规模大小或者住房使用年限的检验，本章基准结论依然成立。我们进一步发现，高估了住房价值的家庭消费水平相对更高，家庭储蓄率更低，有更高的幸福程度。

　　由于住房市场是我国宏观经济的重要组成部分，住房市场的健康发展对宏观经济的稳定性有重要的影响。本章结果表明，家庭对住房财富的认知偏差实质性地影响家庭的负债行为，而间接影响宏观经济的稳定性。

　　进一步的，我国城市土地为国家所有，私有住房更多地意味着家庭拥有一定期限的产权（通常为 50~70 年）。同时，我国并未形成成熟的房产税税制结构，土地使用权作为地方政府重要的财政收入来源——土地收入可能达到我国 GDP 的 8%（Naughton，2017），许多地方政府高度依赖土地收入来刺激经济和建设基础设施。尽管近年来中国经济保持蓬勃的发展态势，但对土地收入的依赖一定程度上使得投资效率降低。

　　近年来，房产税成为我国的热门政策话题，预计该税种将取代土地销售收入，成为地方政府的重要财政收入来源。房产税的实施基础是对房产进行客观、准确的第三方评估。本章研究的另一个政策启示是实施房产税所产生的意外后果：随着房主拥有关于自有住房价值更准确的信息，将减少个人的财富幻觉，并随之减少家庭的债务和风险。不过，这一影响的规模和总体效应有待进一步深入调查。

值得一提的是，由于缺乏第三方对住房的准确评价，本章的研究使用了诸多替代方法估计真实的住房价值。若能使用更加客观和真实的房价评估模型会进一步提升指标和结论的可信度。

此外，住房价值的估值偏误背后存在许多心理偏差，包括禀赋效应、过度自信、乐观等。虽然我们没有探讨这些心理偏差对估值偏误的贡献，但这些偏差有可能与市场条件相互作用。例如，当市场繁荣时，乐观的家庭可能对房价持有更加正向的预期。探索心理偏见和市场在塑造个体行为方面如何相互作用将是未来重要的研究方向。在第 4 章，我们将研究聚焦在家庭消费，深入讨论非理性住房估值偏误所产生的"财富幻觉"在生命周期中的作用，同时分析非理性的消费行为。

第4章

估值偏误、财富幻觉与居民消费

4.1 引言及研究背景

在当前我国经济转型、产业升级、由投资拉动转向创新驱动发展的战略背景下，如何改善居民消费结构，从质和量两方面提振消费成为一个重要的议题。学界普遍认为，家庭财富对于居民消费会产生重要影响。根据生命周期理论，家庭在消费决策时将财富/家庭永久收入在不同时期进行平滑，随着家庭财富的增加，消费水平在不同时期平滑后也相应地增加。

在我国居民的家庭财富结构中，一个突出特征是金融资产占比低，而非金融资产尤其是房屋资产比重较高（陈斌开和李涛，2011）。据中国人民银行调查统计司 2019 年的调查报告，城镇家庭资产以实物资产为主，住房占比达到了 74.2%。北京大学发布的《中国民生发展报告 2016》给出了类似的结果：2014 年，在全国家庭财产中，家庭净房产占家庭总财产的比例高达 74.9%。因此，在我国很多一二线城市，房价变动是居民财富波动的重要来源。近年来诸多研究表明，家庭财富的变化显著影响我国城市居民的消费和储蓄决策（况伟大，2011；谢洁玉等，2012），这一点和国外研究结果接近（Skinner，1989；Case et al.，2005；Mian and Sufi，2011）。但家庭财富对消费的影响渠道是多方面的，有观点认为是家庭的再融资需求得到满足进而促进消费（黄静和屠梅曾，2009；杜莉等，2013；Aladangady，2017），住房财

79

富能够通过缓解流动性约束、改善家庭消费结构，来提高家庭消费水平（尹志超等，2021），住房增值带来的财富效应能够促进家庭消费增加，并且进一步的估算表明房屋价值升值对总消费影响的弹性系数为 0.093（张浩等，2017）。也有观点认为房价上涨所产生的正向预期抑制了居民消费（颜色和朱国钟，2013），"房奴效应"通过抑制住房财富效应而间接降低消费（李江一，2017）。此外，还有观点认为住房财富具有双重属性，其对消费的影响并不确定，呈现地区异质性（Sinai and Souleles，2005；杨赞等，2014），更有研究基于家庭财富的属性差异，描述了财富效应的异质性（李涛和陈斌开，2014）。

在研究财富对于消费的影响时，研究者通常使用调研数据中个体对资产的自估价值进行分析，而事实上，估值的准确性极大地影响分析结果的可靠性。与其他金融资产相比，住房资产的一个重要特征是难以获取准确的价值信息。

首先，金融资产标的物的期望价值可以在有效的金融市场中迅速反映出来，通过观察金融市场上的价格变动，即便没有进行交易，投资者也能以较低成本了解所持资产的近似价值。而住房作为一种非金融资产，其价值异质性较大，市场流动性较低，住房所有者了解其价值需要付出较高的信息获取成本（包括时间、金钱等），而通过日常积累的信息对房产价值估计，难免产生较大的估值偏误。

其次，在金融市场发展完善、消费信贷系统成熟的国家，个体为获取更多的抵押贷款进行消费，具有更加明显的高估资产的动机。例如，有研究表明，相较于一般情形，需要通过提取住房权益再融资的方式用以支持当前消费的房主，高估其住房价值的可能性要高出近 17.9%。同时，通过分析低估者和高估者的信用额度使用行为，发现高估者确实增加了其信用额度，并且其支出成本增加的可能性比低估者高 14.4%（Agarwal，2007）。

最后，由于"禀赋效应""过度自信"等心理偏误的存在，个体对自有住房产生"敝帚自珍"的感情，导致自估价值不仅包括了资产真实价值，也含有非理性和心理成分的估值偏误。例如，有研究发现，房屋所有者经常高估自有房产价值（Agarwal，2007），并且这种偏误和个体的社会经济地位、个人特征甚至认知能力相关（Kish and Lansing，1954；Kain and Quigley，

1972；Agarwal and Mazumder，2013）。这种高估倾向是普遍性的，不仅存在于美国、中国香港特区这类市场经济成熟的国家和地区（Agarwal，2007；Benítez – Silva et al.，2015；Wang et al.，2000），也存在于菲律宾、墨西哥等市场体系和金融发展不够发达的发展中国家（Jimenez，1982；Gonzalez – Navarro et al.，2009）。这一现象，使得估值偏误对微观调查中关于房产信息的数据质量产生重要影响，同时左右居民在消费、储蓄和其他金融行为中的决策，进而对于实体经济产生影响（Agarwal，2007；Caliendo and Huang，2008）。

因此，由于房地产市场本身的特点和住房所有者的异质性特征，住房资产不仅给所有者带来实际的财富，还可能通过估值偏误所产生的"财富幻觉"影响所有者的消费行为。在中国，由于房产占家庭资产比例高，房地产交易市场管制较多，价格信息不准确，个体投资者自身不够成熟，非理性行为可能更多（Puri and Robinson，2007；赵静梅和吴风云，2009；李广子等，2011；Kiss et al.，2016），产生估值偏误的可能性更大，对家庭/个人消费行为的影响可能更加显著。然而，目前国内研究并未系统关注估值偏误及其对居民消费决策的影响，我国居民中是否存在房产的估值偏误？这种偏误是否以及如何影响居民的消费行为？

本章利用中国家庭金融调查（CHFS）2011 年、2013 年两轮调查的数据，首次实证研究了我国住房所有者的估值偏误对家庭消费的影响。在基准回归中，我们使用特征模型估计住房真实价值，用受访户对自有住房价值的估计与实际价值的差异比率衡量访户估值偏误程度。研究发现，受访户汇报的自有住房价值平均比实际价值高约 9.4%，在控制家庭的收入、财富、家庭特征和个体特征后，我们发现家庭对自有住房估值偏误与消费水平之间存在显著正向关系。这意味着已有研究所描述的"财富效应"包含由资产实际价值所产生的"资产效应"和由资产估值偏误所引致的"财富幻觉"。这一结论在经过三种方法进行内生性处理、不同估值方法测算真实价值后依然成立。传导机制的分析表明，这一关系主要是由家庭的信贷约束所引致的：估值偏误较高的家庭，其所面临的信贷约束较小；对于能获得更多信贷的家庭，估值偏误对消费的正向影响更加明显。

我们进一步从家庭储蓄行为和消费习惯分析，实证结果显示估值偏误更高的家庭，其储蓄行为和消费习惯有很大的不同，显示出明显的非理性特征：估值偏误较高的家庭，储蓄率显著更低，而且即期消费和"炫耀性"消费水平也更高。不仅如此，我们还发现估值偏误与信息发展程度和经济、金融发展程度相关。信息传递网络发达、金融市场发展成熟和经济规模大的地区，居民住房估值偏误更低。因此，完善金融市场，提高市场价格信息传递效率，对于弱化"财富幻觉"，降低居民消费中的非理性成分有着重要意义。

对本章节的主要结构作出如下安排：第一节是引言及研究背景，介绍本章的写作动机；第二节是文献评述，对已有研究成果进行系统的评述；第三节介绍研究所选取的数据、变量的定义及其描述统计；第四节是本章主体的实证分析，从基准模型、内生性考虑和稳健性检验三个部分展开；第五节是进一步分析，描述传导机制和对家庭其他方面的影响；第六节是结论部分，对本章研究进行总结。

4.2　文献述评

4.2.1　影响家庭消费的财富水平和非理性因素

综合来看，有关居民消费的影响因素的研究，既有基于生命周期框架的财富效应，也有基于消费者心理层面的非理性因素。

4.2.1.1　基于生命周期模型的财富效应

在生命周期模型的框架下（Ando and Modigliani，1963），人力资本和财富水平决定了家庭的消费水平，居民在生命周期内为保持稳定的消费，最优的选择是将家庭财富在不同的阶段进行平滑，财富越多，平滑到各时期的消费也越高。20世纪90年代后半期，在全球经济高速增长、资产价格（股票市场和房地产市场价格）剧烈波动的背景下，诸多研究尝试将资产价格波动和家庭消费变化联系起来，而房产作为家庭的重要资产之一，对消费行为的影响受到持续的关注，即住房资产的财富效应。例如，坎贝尔和科科（Campbell and Cocco，2007）以英国为例，研究了住房市场价格波动对消费的影响，认为居民对财富的感知或者信贷约束的缓解是房价上涨刺激居民消费的重要原因，并且这一效应对老年人更加明显。此外，财富效应在不同国家/不同时期中，其效果和影响渠道（未来预期、流动性约束等渠道）有着较大的差异（Case et al.，2005；Attanasio et al.，2009）。以一项基于中国香港 12793 人的研究为例，通过研究其住房财富和信用卡消费数据，分析发现住房财富对消费增长具有显著影响，对于需要进行再融资的家庭而言，住房财富通过放松信贷约束促进消费；对于借贷约束不具有约束力且杠杆率较低的家庭而言，即使在没有再融资和放松信贷约束的情况下，住房财富仍存在显著的财富效应，并且年轻家庭对消费的反应更强烈（Gan，2010）。

受限于家庭微观调查数据的缺失，我国早期对于住房资产财富效应的研究集中在宏观层面，大多支持存在财富效应的效果。宋勃（2007）分析了房地产市场财富效应的传导及其对宏观经济的影响，通过对我国 1998～2006 年的房地产价格和居民消费的季度数据建立误差纠正模型（ECM），使用格兰杰因果检验方法对我国的房地产价格和居民消费的关系进行实证检验，发现在考虑通货膨胀的条件下，无论从长期还是短期分析，我国的房屋价格变动对居民消费带来财富效应。通过脉冲响应函数可知，房地产价格一单位的正向冲击，会对居民消费产生正效应，并且财富效应通过作用于居民消费最终对宏观经济运行产生影响。

其他代表性研究如骆祚炎（2007）、崔光灿（2009）等，发现居民住房资产的财富效应比金融资产更大；较强的流动性约束以及消费的过度敏感性限制两种资产的财富效应的发挥，同时稳定房地产价格以及居民对房地产市场的预期。这对于从财富增值的渠道促进居民消费有重要指导意义。

早期的研究偏重于数据的挖掘和计量模型的应用，解决财富效应在我国是否存在的问题，但对其机制的讨论尚不明晰。在后续的研究中，研究者开始重点分析其中的机理和内在联系。陈彦斌和邱哲圣（2011）通过建立含有房价高速增长、内生住房需求和生命周期特征的 Bewley 模型，刻画了中国特有的房价、储蓄和财产积累之间的相互作用机制，首次为这类问题的研究提供了统一的分析框架。研究认为，房价的高速上涨，导致年轻人生命周期中的消费更加不平滑：消费水平更低而储蓄更高，引起了极大的福利损失。况伟大（2011）基于 35 个大中城市的研究发现，房价上升抑制家庭的住房消费，而对非住房消费无影响。上述研究基于房价上涨的动态变化描述对家庭消费的影响，核心在于房价上涨，造成居民未来预期的不确定性，从而导致居民消费的变化。

进一步的，房价上涨预期的时间长短对家庭的消费和投资行为同样重要，颜色和朱国钟（2013）根据房价上涨的持续性长短，区分了因房价持续上涨所产生的"财富效应"和房价一次性上涨的"房奴效应"，进而进行房价上涨对总消费影响的局部均衡分析，并通过建立一个动态生命周期模型，对"财富效应"和"房奴效应"影响房价与消费进行理论研究和数值模拟。研究结果表明，如果宏观经济信息增强，房价能够持续增长而不崩盘，那么消费得益于资产增值而相应增加，房价增长的"财富效应"占主导地位。但现实中，宏观经济和住房市场的周期性波动，以及房价上涨的不可持续性，使得居民消费受到明显抑制。在不同的房地产市场环境下，房价上涨对消费的影响是有所差异的。

随着近年来家庭微观调查的兴起和房地产市场的蓬勃发展，越来越多的学者开始采用家庭微观调查数据研究家庭财富对家庭消费究竟有何影响。如黄静和屠梅曾（2009）使用 CHNS 数据首次检验居民的房产财富与家庭消费间的关系，其结果证明了居民财富对消费的促进作用，但房价上涨却弱化了这一效果，而且不同的产权属性存在异质效应。其研究的重要性不仅在于拓展了住房资产的"财富效应"理论在中国的应用，也为探索我国居民消费低迷的原因提供了微观基础。在此基础上，后续研究基于不同的微观数据对财富效应的异质性进行了深入分析。张大永和曹红（2012）使用中国家庭金融调查 2011 年的数据分析不同类型的家庭财富对消费的影响，发现住房的财富效应更大，且对家庭非耐用品消费影响明显，而风险资产和无风险资产的影响有所不同。李涛和陈斌开（2014）在此基础上更进一步区分了家庭的生产性资产和非生产性住房资产对消费的异质影响，并且将资产存量所产生的"资产效应"和资产增量所产生的"财富效应"进行清晰的划分，研究发现我国家庭住房资产更多呈现消费品属性，有微弱的"资产效应"，但"财富效应"效果并不明显。因此，他们认为房价上升无助于提振消费，应积极推动金融市场改革带动居民消费。他们的研究不仅明确了资产存量和增量带来的不同影响，同时对住房资产的作用进行系统考量。

张浩等（2017）对 CFPS 数据中 2010 年和 2012 年的城镇有房家庭进行了配对，并构造了两期面板数据，探讨房屋按揭贷款对于居民消费的影响程度及影响机理，在此基础上进一步分析了家庭房产差异对于房屋财富效应的异质性影响。研究发现家庭住房资产对家庭消费具有明显的财富效应；房屋按揭贷款为家庭购房带来"杠杆"，当房屋价值提高时会引起更大的财富效应。相比单一住房家庭，多套房家庭的房屋资产具有更明显的财富效应；同时，房产占家庭资产比重较低的家庭，房屋资产的财富效应较大；且随着房屋投资属性的降低、消费属性的提高，房屋的财富效应会下降。尹志超等（2021）基于 CHFS 调查 2013～2019 年的数据，探究城镇家庭住房财富对消费的影响及机制，结果发现我国住房资产具有明显的财富效应，通过财富效应、共同因素和信贷效应多种渠道影响家庭消费，并估算边际影响系数约为 0.02。进一步的研究发现，拥有较多的住房财富显著提高了家庭享受型消费的占比，并降低了家庭的恩格尔系数，改善了家庭消费结构，同时有效地缓解家庭流动性约束和信贷约束，最终促进了家庭消费。异质性分析表明，住房财富对不同类型的消费具有不同的促进作用，地区、产权类型、住房数量的差别均会对财富效应的传导产生不同影响。

4.2.1.2　非理性因素

从非理性因素来看，虽然在生命周期理论和持久收入假说中（Ando and Modigliani，1963；Hall，1978），对财富的平滑和未预期的收入增加直接刺激了消费，但居民的消费行为同样受非理性因素驱动，其机制主要是通过未来预期、情绪因素和信号释放等渠道产生影响。已有大量研究证据表明，个体在对未来形成预期时，会受到过度乐观和过度自信等主观因素的影响（Foster and Frijters，2012）。卡利恩多和黄（2008）在生命周期的模型框架下分析了个体的过度自信（overconfidence）和消费行为，在进行资产交易时，消费者如果对回报率存在过度自信，那么消费水平在整个生命周期内将呈现峰值，其重要的机制之一在于过度自信反映了个体的正向预期，从而对长期的经济行为产生影响。巴格奇（Bagchi，2011）在此基础上进行了扩充，构造了对过度自信消费的局部均衡分析中时间不一致的生命周期消费模型，并增加了人口和经济增长的特征，将局部均衡模型扩展到一般均衡模型，识别了两个与现实世界数据一致的宏观指标的参数值空间，检查过度自信的生命周期消费特征的属性；其模拟结果显示对于有特定特征的人群，过度自信和消费间的关系是比较明显的，提供了生命周期消费驼峰之谜的部分解释。叶德珠等（2012）使用 48 个国家和地区在 1978～2007 年间的面板数据，采用双曲线贴现模型来分析消费文化对东西方消费行为差异的影响，研究了不同的消费文化通过自我控制力影响居民消费的机制，研究结果表明居民受儒家文化影响越深，自我控制力越强，消费率越低；受欧美文化影响越深，自我控制力越弱，则消费率越高。

情绪因素对个人消费行为有重要影响。李涛等（2018）研究发现，老年人的孤独感对其保健消费有着显著且稳健的正向影响，且孤独感越强，保健支出的绝对水平和相对比重越大。产生这种影响的一个重要作用机制是社会互动，感到孤独的老年人为增加社会互动愿意开展更多保健消费。李树和于文超（2020）利用中国家庭金融调查（CHFS）2011 年、2013 年、2015 年 3 期数据实证分析了幸福的社会网络效应对居民消费行为的影响。通过匹配、追踪、调查家庭数据，研究发现上一期户主主观幸福感对当期家庭人均消费支出有着显著且稳健的正向影响。幸福的社会网络效应不仅通过减弱预防性储蓄动机、缓解流动性约束而促进家庭总体消费，还会直接增加家庭社交类消费。机制检验表明，户主较高的幸福感不仅会直接增加家庭社交类消费，而且通过丰富家庭社会网络这一中介因素提升家庭总体消费水平，同时幸福感更高的受访者对未来经济形势的预期更加乐观。

另一非理性消费的机制在于信号释放（signaling），消费水平和类别可作为显示家庭身份、个人社会地位的信号。消费者在购买奢侈品时，产品质量虽然并非显著更好，但能彰显个人财富，因而愿意支付更高的价格（Bagwell and Bernheim，1996）。查尔斯等（Charles et al.，2009）使用有美国代表性的数据研究不同种族的消费行为，构建了一个追求地位和炫耀性消费的信号模型，根据种族收入的平均和分散程度观测了不同种族之间的可见性支出差异以及不同州的同一种族之间的可见性支出差异。研究结果表明，在其他条件相同的情况下，种族内部和跨种族的可见性支出与一个人的经济收入水平呈显著负相关，并且非裔群体在炫耀性消费方面比美洲群体支出更多；炫耀性消费主要出于释放身份信号区别于其他同胞的目的，这些结果为地位信号模型的明确预测提供了强有力的支持。布洛赫等（Bloch et al.，2004）针对家庭的婚庆行为建立了一个身份信号模型（status signaling model），描述了婚庆规模用于显示家庭社会地位的信号，并且使用印度南部的调查进行检验，数据结果显示：当女性出嫁外地时，婚庆活动作为一种非理性消费，普遍用于反映家族在本地的社会地位。在对中国的研究中也有类似发现，孟祥轶等（2010）使用中国城市居民的家庭收入和消费的数据分析其炫耀性消费的特点及其可能的决定性因素，利用非均衡面板数据的固定效应模型，研究发现教育程度、家庭离退休人口数量、家庭无收入人口数量、行业因素与职业因素均影响炫耀性消费。由此可见，一些并未被传统模型所刻画的非理性因素对家庭消费行为同样重要。房产价值的估值偏误在理论上应该属于生命周期模型下的财富效应，但是其作为一种非理性的心理偏误，与个人对于炫耀性消费的非理性需求有着一定联系。

4.2.2　资产的估值偏误和影响

实证研究中关于财富效应的研究依赖于个体对资产的主观评价，由于住房资产流动性较低、个体难以及时感知市场价格等原因，住房资产估值普遍存在较大的测量偏误（Kish and Lansing，1954；Kain and Quigley，1972；Goodman and Ittner，1992；Kiel and Zabel，1999）。这一特征在美国、荷兰、澳大利亚、墨西哥等国家都有丰富的证据支持（Cruijsen et al.，2014；Windsor et al.，2015；Melser，2013）。

估值偏误的诱因可能来自人们的损失厌恶等深层次因素。早期的研究主要集中在个人的心理偏好和行为特征等的描述上（如禀赋效应，Kahneman et al.，1990；Thaler，1980），并认为这种非理性的行为对市场效率带来一定的损失。后续的研究也尝试从多个角度来描述资产高估的原因，如阿加瓦尔（Awargal，2007）认为家庭高估其财富是需要使用住房获得抵押贷款进行消费所导致的。冈萨雷斯·纳瓦罗和昆塔纳·多梅克（Gonzalez – Navarro and Quintana – Domeque，2009）的研究认为家庭居住的时间长短直接影响个人对住宅的感情（Cruijsen et al.，2014），住房的物理特征更能匹配个人的需求，"敝帚自珍"的感情影响个人对住房的价值判断。不过，库兹曼科和蒂明斯（Kuzmenko and Timmins，2011）认为及时获知市场信息是影响价值评估准确性的重要因素。也有研究认为个人的搬迁计划或是否熟知家庭财务等隐形特征（Cruijsen et al.，2014），教育程度、性别、损失厌恶等个体特征（Cruijsen et al.，2014），户主的年龄、房屋的大小等住房特征（Melser，2013），市场环境、经济周期等外部特征（Benítez – Silva et al.，2015；Henriques，2013；Haurin et al.，2018）都显著影响个体的估值偏误大小和程度。

关于偏误对家庭或个人行为产生的影响，现有研究主要集中在家庭消费、信用、资产配置方面。例如，阿加瓦尔（Awargal，2007）发现了估值偏高的动机源于消费的信贷需求，家庭为获得更高的消费贷款，高估其资产价值，实际上反映了对信贷的需求，从数据上容易观测到估值偏误和信贷间的相关关系。但是，也发现资产高估的家庭更容易出现违约的行为，因此这种消费的增加本身可能是非理性的。这一点与戴维斯和金廷（Davis and Quintin，2014）的理论框架一致，他们构建了一个房屋所有者抵押贷款违约的模型，证明了对住房价值的误判和违约决策间存在直接的联系，平均而言，对当前住房价值的不确定性降低了1.54个百分点的违约率，如果对住房价值有充分的把握，那么有大约25%的家庭违约。进一步的，科拉丁等（Corradin et al.，2016）基于消费者对住房价值的错误感知（misperception），建立最优资产配置模型，描述了对家庭消费和资产配置的影响，并使用（Panel Study of Income Dynamics，PSID）进行实证检验，其研究结论发现，估值偏误对家庭的购房选择、风险股票的投资、非住房消费和家庭债务方面都有显著的影响，而其中主要的驱动因素是风险厌恶程度的差异。

4.3   数据选取、变量定义和描述统计

4.3.1   数据选取和样本筛选

本章分析数据来自中国家庭金融调查（CHFS）。该数据源于西南财经大学中国家庭金融调查与研究中心自 2011 年开展的一项全国性家庭层面微观调查，主要涵盖了人口统计学特征、家庭资产和负债、家庭保险与保障、家庭收入和支出情况等。该调查根据县、社区、家庭采取了三阶段分层随机抽样：首先根据 GDP 把全国的县（包括直辖市下辖的区和县级市）进行排序，随机分组抽取 262 个县；其次在每个县随机抽取 4 个社区；最后在社区层面末端抽样，城镇地区抽取 25 ~ 50 户家庭，农村地区抽取 20 户家庭。在 2013 年的数据库中涵盖了 29 个省（不包括新疆、西藏以及港澳台地区），260 个区/县，1029 个社区/村庄，共计 28000 多户家庭，98000 多个个体的详细信息，该数据具有较强的代表性。

该调查的数据除了人口学特征、家庭收支外，还详细搜集了家庭的资产和负债情况，主要分为家庭金融资产和非金融资产。金融资产涵盖了家庭的银行存款，股票、债券、基金、理财产品、黄金、现金等的持有情况；非金融资产涵盖了家庭住房、工商业资产、农业活动资产、车辆以及家庭实物资产等各类资产的价值和负债情况（贷款金额和余额等）。尤其对于住房信息，该调查将家庭住房的空间特征、购房历史、借贷信息进行了详细的记录。

实证主体部分选取该调查 2013 年近 12000 户城镇家庭的横截面数据作为分析样本。限于数据可得性，诸多分析财富效应的研究均使用截面数据，但是截面数据的缺陷之一在于不能反映个体的偏好、态度等因素，因而我们在处理内生性问题时，结合 2011 年的调查数据构造了两期的面板数据，约3500 户家庭，7100 个观测值。

4.3.2 主要变量定义

家庭消费（*lconsump*）：我们将家庭各类消费总量作为主要的被解释变量。具体而言，根据统计局的分类标准，结合调查所涉及的问题，包括了食品消费、衣着消费、住房消费（包括房租、物业、水、电、气、供暖等）、日常开支（包括日用品、家政等）、医疗保健、交通通信、教育及娱乐等支出。

住房真实价值（*real value*）：基于特征价格模型计算的住房真实价值。回归分析中考虑住房的真实价值，主要出于居民消费中的"资产效应"（李涛和陈斌开，2014），住房资产的价值对于家庭消费行为有显著的影响。在资产估值中，资产的价值通常由市场决定，市场价值通过买卖双方的交易得到实现。对住房真实价值的评估，比较理想的是使用第三方机构客观的评估（Agarwal，2007；Gonzalez – Navarro and Quintana – Domeque，2009），或使用房价指数为参考进行估算（Henriques，2013；Kuzmenko and Timmins，2011）。但本书的分析中，并无客观的第三方机构对每户进行评估，并且使用社区/城市层面房价指数进行估算难免产生较大的测量误差，不足以用于估算所有社区每套住房的价值。

鉴于此，我们使用传统的特征价格模型估计住房实际价值，基本思路是使用住房的物理特征（面积、房间、区位等）、社区周边特征等因素描述各变量对于资产价值的贡献系数，从而能达到准确预测市场价值的目的。温莎等（Winsor et al.，2015）、库兹曼科和蒂明斯（Kuzmenko and Timmins，2011）等分析家庭估值偏误的研究中也采用了同样的模型。本章借鉴这一建模思想，使用房屋各类特征来预测住房的实际价值。结合问卷所涵盖的住房问题，建模所使用的住房特征变量包括：房屋产权形式、获得住房的形式、房龄、房屋收益率、周边住房价格、购房时价格、房间数、住房面积、楼层数、市中心距离等。购房时价格这一变量非常有效地反映了住房的初始信息，捕捉了住房特征可能存在的遗漏变量。同时，由于访户自估价值含有一定的主观成分，我们同时控制了家庭的户主特征（包括是否有工作、工作岗位、工作职位、健康程度、婚姻、年龄、党员身份、户主教育程度）、家庭特征（包括抚养比、家庭成员数量等）和受访者特征（包括是否上过金融课程、是否拥有金融/经济知识、年龄、教育程度等）。基于该模型测算出住房资产的实际价值。

估值偏误（*bias ratio*）：住户对住房自我估值和实际价值的偏误程度，计算方法为：$bias\_ratio = \dfrac{report\ value - real\ value}{real\ value}$，*report value* 变量源于受访户自估的自有住房价值（Gao and Liang，2019）。

家庭其他资产：为全面考虑家庭的资产效应，除了自有住房的实际价值外，同时控制家庭的其他主要资产。具体包括：（1）生产性资产（*production asset*），使用家庭的工商业、农业生产的资产价值进行衡量；（2）家庭金融类资产（*financial asset*），包括存款、股票、债券、基金、黄金、借出款、理财产品等。金融资产反映了家庭资产的流动性，对于家庭消费量有显著的影响。区别于住房实际价值，在控制这两类资产时，均使用了居民自估的价值，主要原因在于这类资产的流动性高，访户更能及时、准确地获知其真实价值。相比住房资产，金融资产交易更频繁、流动性相对较高，居民对自有账户存储也更了解；而生产性资产涉及经营活动、租赁和借贷行为，居民对其价值掌握也更客观。

其他控制变量（*X*）：参考对财富效应的现有研究，其他控制变量分为家庭特征和户主特征。家庭特征主要包括：家庭收入（*income*）、家庭规模（*house member*，以家庭成员总数衡量）、人口年龄结构（*raise ratio*，以抚养比衡量）、家庭成员身体状况（*bad health*，以家庭成员身体状况是否较差衡量）。户主特征主要包括：户主年龄（*head age*）、婚姻状况（*house head marriage*）、户主政治面貌（*party*）、户主教育程度（*head edu*）、户主职位（*position*）和户主工作类型（*work type*）的虚拟变量。同时在模型中加入家庭所在社区的虚拟变量，以控制社区层面的特征。

在后面章节的内生性问题讨论中，加入 2011 年家庭消费水平（*lconsump_2011*）这一历史信息，用于捕捉计量模型潜在的遗漏变量问题。

在稳健性检验中，我们使用了其他方法定义估值偏误，分别为：估值偏误 90 分位点以上家庭的虚拟变量（ratio10）、使用社区房价增长率计算的估值偏误（bias ratio（anul. gth））、使用社区交易平均价格测算的估值偏误（bias ratio（trans.）），将在后文详细介绍计算方法。

工具变量（IV）：本章使用访员对房产的估值和小区其他住户的平均估值作为住房实际价值的工具变量。在 2013 年的 CHFS 调查中，每位访员被要求在入户前对受访家庭所居住的住房进行估值，访员在低于 5 万元、5 万～20万元、20 万～50 万元、50 万～100 万元、100 万～150 万元、150 万元以上的选项中判断受访家庭的住房价值。由于访员的估值是关于住房真实价值的函数：$IV_{1i} = f(real\ value_i, \phi_i)$，所以可能与住房的真实价值间存在相关性。虽然使用访员的估值和住房真实价值有一定相关性，但由于多数访员为非地产行业相关人员，房产交易经验较少，估值难免出现较大的测量误差。为了保证第三方估值的客观和准确，本章同时使用社区内其他住户对自有住房单位价格的平均估值作为基础，计算的房产价值作为另一工具变量，计算方法为：$IV_{2i} = area_i \times \overline{price}_{-i}$。由于社区内住房同质性强，这一变量和真实价值间存在较高的相关性，而在后续内生性问题讨论中，弱工具变量检验也证实了这一判断。从排他性来看，如果工具变量和消费函数的误差项不相关时，该变量即是一个理想的工具变量。访员和社区其他家庭的估值均源于第三方的估计，不影响受访户的消费函数，同时，访员的测量误差（ϕ_i）并不影响访户消费函数和消费行为，因而可认为是合理的工具变量。

4.3.3 主要变量描述统计

总体来看，特征价格模型所估计的自有住房实际价值（单位价格）约为6864 元，而受访户汇报的自有住房价值（单位价格）平均为7508 元，比实际价值高约 9.4%。这一数字在美国是 8% 左右，在澳大利亚是 2.5%，在荷兰是13%（Benítez–Silva et al.，2015；Cruijsen et al.，2014；Windsor et al.，2015；Melser，2013）。这说明我国城镇家庭在评估自有财产时，存在一定程度高估，并且这种高估并非简单的可以相互抵销的测量误差，而是一种系统性的偏差。这也符合禀赋效应的判断（Kahneman et al.，1990；Thaler，1980）。

根据本章研究的内容，结合数据可得性和上述变量的定义，表4-1展示了本章所涉及的主要变量的详细定义和描述统计。

表4-1   主要变量的定义和描述统计

变量	定义	观测值	均值	标准差	最小值	最大值
bias ratio（hedonic）	估值偏误比率	11999	-0.107	0.724	-0.919	10.912
lconsump	log(家庭消费)	11999	10.794	0.803	6.304	13.704
log(real value)	log(住房实际价值)	11999	4.216	0.579	2.672	6.193
lincome	log(家庭收入)	11910	10.675	1.992	0	14.179
log(financial asset)	log(金融资产价值)	11999	9.370	2.601	0	15.810
log(production asset)	log(生产性资产价值)	11999	2.050	4.417	0	15.320
house member	家庭成员数	11999	3.304	1.359	1	15
raise ratio	家庭抚养比例	11999	0.396	0.312	0	1
bad health	是否有家人身体较差	11999	0.560	0.496	0	1
head age	户主年龄	11999	49.941	14.295	17	113
house head marriage	户主婚否	11999	0.874	0.331	0	1
party	政治面貌=1，党员；政治面貌=0，非党员	11999	0.223	0.416	0	1
house_number	家庭住房数量	11960	1.247	0.554	1	14
saving	家庭储蓄率	11558	-0.566	3.165	-39.977	0.998
ldeposit	log(家庭存款)	11999	6.685	4.853	0	15.761
ldaily	log(家庭即期消费)	11999	10.488	0.847	0	14.508
lconspicuous	log(炫耀消费)	11896	3.322	3.241	0	11.513
ldebt	log(家庭负债规模)	11999	3.251	5.140	0	18.891
lbank_amount	log(银行负债)	11999	2.234	4.726	0	20.367

图4-1展示了本章构建的估值偏误指数的概率分布图，估值偏误呈现拖尾分布。

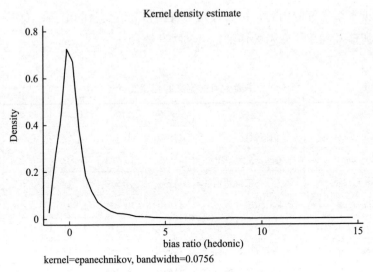

kernel=epanechnikov, bandwidth=0.0756

图 4 - 1   估值偏误概率密度分布

4.4   经验假说及实证检验

4.4.1   主要经验假说

通过对文献的梳理，可以发现家庭/个人的消费行为不仅在生命周期理论框架下和家庭财富、持久收入相关，同时受个人层面非理性因素的影响，而后者主要是通过非理性预期、情绪因素和信号释放等角度产生影响的。结合已有文献，可以发现，由于禀赋效应的作用，高估和低估平均而言并未抵销，家庭/个人对自有资产价值的评估普遍存在 3% ~ 13% 的估值偏误。在资产估值偏误的研究中，相关研究者有相对统一的认识：在金融市场发展完善的国家，消费信贷系统较为成熟，家庭为了获得消费信贷或再贷款，有较强的动机高估自有资产。

中国的消费金融市场并不完善，例如，据 CHFS 在 2011 年发布的调研数据，拥有消费信贷的城镇家庭仅占全部城镇家庭比例的 8.35% 。因此，与金融市场较发达的西方国家不同，中国城市家庭估值偏误更多源于心理因素所引致的禀赋效应，而非夸大房屋价值获取消费信贷的策略性动机。这一心理因素导致个人系统性高估自身房产价值，从而高估未来的财富性收入。根据经典的基于消费的资产定价模型（consumption-based asset pricing model）（Lucas，1978；Campbell，2003；Cochrane，2005），我们可以把估值偏误对于消费的影响用家庭消费决策问题的一阶条件式（4-1）表示：

$$p_t = E_t\left[\beta\frac{u'(c_{t+1})}{u'(c_t)}x_{t+1}\right] \qquad (4-1)$$

其中 x_{t+1} 是房产的未来（$t+1$ 期）价值，p_t 是房产的当前价格，$u'(c_{t+1})$ 是未来（$t+1$ 期）消费的边际效用，$u'(c_t)$ 则是当前消费的边际效用。为简化起见，我们假设家庭只生存两期，因此 $E_t(x_{t+1}) = E_t(c_{t+1})$。根据协方差的定义，式（4-1）式可以被改写为式（4-2）：

$$p_t = \beta\left[\frac{E_t[u'(c_{t+1})]E_t(x_{t+1})}{u'(c_t)} + cov\left(\frac{u'(c_{t+1})}{u'(c_t)}, \ x_{t+1}\right)\right] \qquad (4-2)$$

高估房产价值即 $E_t(x_{t+1})$ 提升，意味着对于未来收入的高估，即也意味着期望的未来消费水平提升。相应的，期望的未来消费的边际效用 $E_t[u'(c_{t+1})]$ 下降。但是，由于边际效用递减，$E_t[u'(c_{t+1})]$ 下降的幅度小于 $E_t(x_{t+1})$ 增加的幅度。因此，在房产当前价格不变和协方差不变的条件下，当期消费的边际效用 $u'(c_t)$ 减少，即当期消费水平增加。因此，本章提出第一个待检验的经验假说。

假说 4-1：由于禀赋效应的存在，居民会系统性地高估自身房产价值，并增加家庭消费。

如果观察到了因"财富幻觉"引致的消费行为，在生命周期理论框架下，如果永久收入没有显著提高且家庭没有出售房屋，那么这种非理性感知所增加消费的资金来源是什么？一个可能的原因是这类家庭所受流动性约束较小，这可以从两方面进行理解：一方面，为了维持较高的非理性消费，家庭的信贷需求相应地增加——通过正规/非正规金融进行贷款融资；另一方面，家庭的流动性约束较小，收入中较多余钱用于维持家庭更高的消费行为。无论从哪个角度，家庭流动性约束的缓解和"财富幻觉"对消费产生影响有较大的关联，因而，本章提出第二个待检验的经验假说。

假说 4-2：家庭流动性约束的缓解是估值偏误家庭消费增加的重要原因。

根据模型（4-1）和模型（4-2），估值偏误导致当期消费提升。家庭高估其未来的财富性收入，预防性储蓄动机降低。因此，家庭当期收入中用于消费的部分增加，储蓄的部分相应下降。另外，如果估值偏误是个体固有的特征，那么它所反映的深层次因素对个人/家庭的日常生活和行为的其他方面也会产生影响。结合估值偏误所反映的心理诱因，个体的非理性消费导致家庭支出更高，进而导致储蓄率更低。同时，估值偏误从心理层面映射到非理性的消费行为上，家庭消费类型可能偏向于有信号释放作用的炫耀性消费。基于以上认识，本章在此提出第三个待检验的经验假说。

假说 4-3：估值偏误导致家庭的储蓄率更低，且家庭消费习惯呈现更多的炫耀性消费。

本章接下来着手检验以上几个假说，并进行讨论。

4.4.2 实证模型和基准结果

基于前文理论基础，本部分重点分析估值偏误和消费的关系。根据假说 4-1，住房对消费的影响由住房资产所带来的"资产效应"和估值偏误所产生"财富幻觉"共同构成。为了检验这一现象，选取如下计量模型：

$$lconsump_i = \beta_0 + \beta_1 bias\ ratio_i + \beta_2 \log(real\ value_i) + \beta_3 \log(production\ asset_i)$$
$$+ \beta_4 \log(financial\ asset_i) + \gamma X_i + \epsilon_i \qquad (4-3)$$

如果上述分析正确，在控制了住房实际价值（$real\ value_i$）、生产性资产（$production\ asset_i$）以及金融资产（$financial\ asset_i$）所产生的资产效应后，式（4-3）中 β_1 应该显著为正。模型中向量 X 代表家庭其他特征，包括收入、家庭规模、家庭人口结构、身体状况、年龄、教育、政治面貌、婚姻状况、工作状况、社区虚拟变量等。表 4-2 汇报了基准回归的结果。

表4-2 估值偏误和家庭消费——基准回归结果

变量	$Y = lconsump$					
	(1)	(2)	(3)	(4)	(5)	(6)
bias ratio					0. 142 *** (0. 019)	0. 140 *** (0. 019)
$\log(\textit{real value})$			0. 277 *** (0. 019)	0. 195 *** (0. 019)	0. 343 *** (0. 021)	0. 263 *** (0. 020)
$\log(\textit{reported value})$	0. 135 *** (0. 009)	0. 116 *** (0. 008)				
lincome	0. 071 *** (0. 005)	0. 056 *** (0. 004)	0. 073 *** (0. 005)	0. 059 *** (0. 005)	0. 072 *** (0. 006)	0. 060 *** (0. 005)
$\log(\textit{financial asset})$	0. 065 *** (0. 004)	0. 050 *** (0. 003)	0. 065 *** (0. 004)	0. 051 *** (0. 004)	0. 063 *** (0. 004)	0. 051 *** (0. 004)
$\log(\textit{production asset})$	0. 025 *** (0. 002)	0. 016 *** (0. 002)	0. 022 *** (0. 002)	0. 014 *** (0. 002)	0. 020 *** (0. 002)	0. 015 *** (0. 002)
house member		0. 107 *** (0. 008)		0. 103 *** (0. 008)		0. 096 *** (0. 006)
raise ratio		- 0. 041 (0. 027)		- 0. 032 (0. 029)		- 0. 061 ** (0. 026)
bad health		0. 002 (0. 015)		0. 005 (0. 015)		0. 008 (0. 015)
head age		- 0. 009 *** (0. 001)		- 0. 008 *** (0. 001)		- 0. 008 *** (0. 001)
house head marriage		0. 223 *** (0. 028)		0. 214 *** (0. 032)		0. 181 *** (0. 023)
party		0. 027 (0. 019)		0. 021 (0. 020)		0. 033 * (0. 017)
社区虚拟变量	控制	控制	控制	控制	控制	控制
教育程度	控制	控制	控制	控制	控制	控制
工作种类	控制	控制	控制	控制	控制	控制
观测值	15733	15726	14145	14145	11910	11910
R^2	0. 375	0. 447	0. 371	0. 437	0. 366	0. 427

注：括号汇报的是 Eicker – Huber – White 稳健标准误，常数项系数已略去，* 指 $p < 0.1$，** 指 $p < 0.05$，*** 指 $p < 0.01$。

在表 4 - 2 中，我们首先重复了前人对"财富效应"问题的研究。第
（1）、（2）列使用访户自估房产价值 log(*reported value*) 作为主要解释变
量，描述对消费的影响，这是研究中讨论该问题时通常所使用的基准模型；
第（3）、（4）列将该变量替换为本章测算的住房实际价值 log(*real value*)，
用于描述家庭资产对消费影响的"资产效应"；在第（5）、（6）列，加入
本章核心关注的变量：估值偏误比率（bias ratio），其回归系数大小和符号
描述了访户的偏误和消费间的关系，即家庭消费的"财富幻觉"。在第
（1）、（3）、（5）列的回归模型中，仅控制家庭收入、其他资产所带来的财
富效应，而在第（2）、（4）、（6）列，同时考虑了家庭特征和户主特征等
变量。

前两列的回归结果显示，前人研究所论述的"财富效应"（黄静和屠梅
曾，2009；张大永和曹红，2012；李涛和陈斌开，2014）在我们的结果中也
得到体现，住房资产（自估）和消费间存在显著的关系：在第（2）列中，
住房资产价值每增加 10%，家庭消费将显著增加 1.16%。不仅如此，家庭
的生产性资产和金融资产对消费也存在显著正向影响。与此同时，家庭、
户主特征和家庭消费间的关系也和经验保持一致，如家庭成员数量、婚姻
状况等和消费呈显著正相关关系，年龄因素呈现负相关关系。在表 4 - 2 的
第（3）、（4）列，自估资产价值替换为前文所测真实价值后，其对家庭消
费的影响依然为正，且在 1% 的水平下显著，一定程度上说明我们构造的
住房实际价值的可行性，在第（4）列中，住房资产实际价值每增加 10%，
家庭消费将增加约 1.95%，其他变量的系数和第（2）列无太大差异。在
第（5）、（6）列中，我们同时加入了前文构造的估值偏误指标——以家庭
自估价值和实际价值的差异率衡量，回归结果和预期的基本一致，控制家
庭的收入、财富、家庭特征和个体特征后，自有房产估值偏误越高，消费
水平也越高，在第（6）列中，估值偏误每增加 10%（高估住房资产
10%），导致家庭消费水平增加约 1.4%。这一结果证明了本章的理论推
断，除了收入、资产实际价值等客观变量，对自有资产价值认知的偏差和
家庭的消费紧密相联，更深层次地反映了家庭在进行消费决策时的非理性
行为。

4.4.3　内生性问题讨论

基准结果讨论了估值偏误和家庭消费的关联性，在控制了家庭收入、其他资产、家庭特征和户主特征后，这一关系依然成立，但上述模型存在潜在的内生性问题。一方面，家庭消费行为受家庭成员的能力、偏好、对未来的预期和不确定性等因素的影响（李涛和陈斌开，2014），这些因素在现有调查中难以量化，在模型中也难以控制，而忽略这些因素将产生严重的遗漏变量问题；另一方面，上述模型可能存在逆向因果问题：消费水平较高的家庭，其他方面的消费行为都偏高，如消费水平较高家庭亦可能（有能力）在购房时选择价值更高、增值潜力更大的住房。因此，为了处理本章模型上述可能存在的内生性问题，本节讨论三种方法进行处理。

4.4.3.1　控制家庭历史消费水平的滞后模型

在传统的"财富效应"研究中，大多数研究者限于数据的可得性，一般使用横截面数据（黄静和屠梅曾，2009；张大永和曹红，2012）。由于过去的消费水平反映了居民根据当时信息做出的最优决策，因而在消费函数中加入历史消费信息——尤其是最近的历史信息，能有效处理内生性问题。部分研究使用了家庭的往期消费（李涛和陈斌开，2014；Hall，1978），用以控制影响家庭消费的不可观测信息（偏好、不确定性、预期等）。基于这一思路，本章使用如下的模型进行实证分析：

$$lconsump_i = \beta_0 + \beta_1 bias\ ratio_i + \alpha_1 lconsump\_2011_i + \beta_2 \log(real\ value_i)$$
$$+ \beta_3 \log(production\ asset_i) + \beta_4 \log(financial\ asset_i) + \gamma X_i + \epsilon_i$$

$$(4-4)$$

式（4-4）中，其他设置和式（4-3）相同，仅增加家庭的历史消费（2011 年）变量：$lconsump\_2011$。

4.4.3.2　消去不可观测特征的固定效应模型

如果使用历史消费信息是为了控制偏好、能力、不确定性等不可观测特征，假设这些特征是固定的因素，那么更理想的方式是利用面板数据的特点，使用固定效应模型消去个体固定特征，进而研究估值偏误和消费的关系。由于 CHFS 问卷中大部分问题在两期都有涉及，这一数据优势让我们能够使用面板数据固定效应模型进行分析，鉴于此，使用如下的计量模型进行回归：

$$lconsump_{i,t} = \beta_0 + \beta_1 bias\ ratio_{i,t} + \beta_2 \log(real\ value_{i,t}) + \beta_3 \log(production\ asset_{i,t})$$
$$+ \beta_4 \log(financial\ asset_{i,t}) + \gamma X_{i,t} + \sum ind_i + Year_t + \epsilon_{i,t} \qquad (4-5)$$

在式（4-5）中，变量和式（4-3）基本相同，区别在于使用了固定效应模型进行估计，$lconsump_{i,t}$ 表示家庭 i 在第 t 期的消费，其他变量依此类推。模型同时控制了个体的固定效应用于捕捉个体特征，以及时间的虚拟变量用于控制潜在的时间趋势。

上述两种方法都使用了家庭的历史数据，控制过去的消费或者构建面板数据，但都导致可观测家庭数大幅减少，因而未将其作为主要结果进行汇报。

4.4.3.3 工具变量处理内生性

如前所述，本节使用访员的估值（IV_1）和社区其他访户的估值（IV_2）作为工具变量处理内生性问题。访员被要求在调查时记录受访户房产的价值，访员基于自己的判断和对社区区位的了解，在低于 5 万元、5 万~20 万元、20 万~50 万元、50 万~100 万元、100 万~150 万元、150 万元以上的选项中判断，访员的估值是对住房资产实际价值的判断，因而和实际价值有较高的相关性，同时访员的测量误差对受访家庭消费函数几乎无影响，这提供了理想的工具变量（在实际操作过程中，我们构造了 5 个虚拟变量作为基准模型中实际价值的工具变量）。进一步的，由于社区间住房较高的相似性，我们同时使用同一社区其他访户的估计均值作为另一工具变量，两阶段最小二乘法第一阶段模型如下所示：

$$bias\ ratio_i = \gamma_0 + \gamma_1 IV_{1i} + \gamma_2 IV_{2i} + \gamma_3 \log(real\ value_i) + \gamma_4 \log(production\ asset_i)$$
$$+ \gamma_5 \log(financial\ asset_i) + \delta X_i + \mu_i \qquad (4-6)$$

表 4-3 汇报了以上三种处理内生性问题的回归结果。第（1）、（2）列控制 2011 年家庭消费的回归结果，第（3）、（4）列使用面板数据进行回归，第（5）、（6）列汇报了工具变量回归的结果，同时汇报了弱工具变量检验 F

统计量。第（1）、（3）、（5）列仅控制住房实际价值、收入、生产性资产和金融资产等变量，而第（2）、（4）、（6）列同时加入了家庭特征、户主特征等其他控制变量。

根据表 4-3 第（1）、（2）列的回归系数，在考虑了家庭历史消费信息以控制潜在遗漏变量后，估值偏误的系数并未受较大影响，第（2）列显示，偏误每增加 10% 使得家庭消费增加 1.7% 左右。历史消费的系数表明，家庭消费行为存在较高的惯性：历史消费水平和当期消费呈显著的正相关关系。第（3）、（4）列汇报了使用面板数据进行固定效应模型回归的结果，当控制了个体固定特征和时间趋势后，估值偏误的影响系数减小到 0.05 左右，说明忽略个体固定特征的初始模型可能高估了估值偏误产生的影响，即便如此，对消费的影响依然是正向显著。在第（5）、（6）列，展示了两阶段最小二乘法的估计结果，弱工具变量检验统计量达到了 170 以上；同时，根据回归系数可知，使用工具变量处理内生性问题后，估值偏误对消费的正向影响依然成立。

表 4-3　　　　　　　　　估值偏误和家庭消费——内生性考虑

| 变量 | $Y = lconsump$ | | | | | |
| | 滞后项模型，OLS | | 面板数据，FE | | 2013 年，2SLS | |
	（1）	（2）	（3）	（4）	（5）	（6）
$bias\ ratio$	0.183 *** (0.040)	0.170 *** (0.038)	0.055 *** (0.017)	0.052 *** (0.017)	0.159 *** (0.020)	0.159 *** (0.019)
$lconsump\_2011$	0.230 *** (0.025)	0.200 *** (0.024)				
$\log(real\ value)$	0.249 *** (0.054)	0.180 *** (0.051)	0.119 ** (0.046)	0.110 ** (0.045)	0.478 *** (0.036)	0.412 *** (0.035)
$lincome$	0.092 *** (0.014)	0.080 *** (0.013)	0.079 *** (0.012)	0.069 *** (0.011)	0.070 *** (0.006)	0.058 *** (0.005)
$\log(financial\ asset)$	0.031 *** (0.010)	0.025 *** (0.009)	0.019 (0.012)	0.016 (0.012)	0.060 *** (0.004)	0.049 *** (0.004)

变量	$Y = lconsump$					
	滞后项模型，OLS		面板数据，FE		2013 年，2SLS	
	（1）	（2）	（3）	（4）	（5）	（6）
$\log(production\ asset)$	0.016 *** (0.004)	0.010 ** (0.005)	0.014 *** (0.005)	0.015 *** (0.005)	0.020 *** (0.002)	0.014 *** (0.002)
年份固定效应	—	—	控制	控制	—	—
个体固定效应	—	—	控制	控制	—	—
社区虚拟变量	控制	控制	—	—	控制	控制
弱工具变量检验	—	—	—	—	193.36	179.67
其他控制变量	No	控制	No	控制	No	控制
观测值	2774	2774	5417	5417	11780	11780
R^2	0.486	0.529	0.162	0.201	0.363	0.424

注：括号内为稳健性标准误，* 指 $p < 0.1$，** 指 $p < 0.05$，*** 指 $p < 0.01$。

4.4.4 稳健性检验

由于构造的估值偏误率从某种意义上反映了访户的主观态度，对主观态度的描述难以使用连续的变量进行准确量化，更多以非连续的离散变量测度。基于此，我们在前文构建的估值偏误率的基础上，构造了估值偏误是否达到样本中最高10%的虚拟变量（$bias\ ratio10$），观测估值偏误极高的家庭，其消费水平是否显著更高，主要变量的回归结果展示在表4-4的第（1）列。分析结果显示，无论使用 OLS（面板 A）还是 2SLS（面板 B）进行回归，估值偏误极高的家庭，其消费水平显著更高：控制了收入、资产、家庭特征、户主特征以及地区差异后，相比其他家庭，估值偏误极高家庭的消费水平高出约18.8%。这一结果说明，从变量的属性特征来重新定义估值偏误指标，主要结论也是稳健的。

前面小节虽然控制了足够多的特征变量，处理内生性问题增强了基准结论的可信性，但上述分析过程均围绕着同一估值模型所得的实际价值及估值

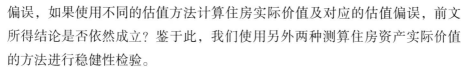

偏误，如果使用不同的估值方法计算住房实际价值及对应的估值偏误，前文所得结论是否依然成立？鉴于此，我们使用另外两种测算住房资产实际价值的方法进行稳健性检验。

第一种方法使用社区房价增长率计算当前住房实际价值。如果假设在社区层面，各户住房价值的增速基本一致，那么基于购房时的成交价（反映了资产的市场价值）计算各社区的平均房价增长率，再结合各家庭购房时的价值即可计算住房在当前的实际价值（*real value（anul. gth）*），进而获得新的估值偏误指标（*bias ratio（anul. gth）*）。由于住房商品化自 1998 年开始在全国全面展开，我们将分析样本限定到 1999 年及以后年份购房的家庭。

第二种方法使用数据平台记录的社区房价作为基础，测算特定住房的真实价值（*real value（trans.）*）。基于所在社区的房价计算的真实价值反映了住房的市场价值信息，相对更加客观和准确，所对应的估值偏误（*bias ratio（trans.）*）也能更准确描述住户的心理偏差。

表 4 - 4 的第（2）、（3）列回归结果，分别对应了使用这两种方法获得的估值偏误及房产实际价值对消费的影响。从各列系数来看，在控制了前文各类因素进行 OLS/2SLS 分析后，使用两种新的估值方法所获得的估值偏误对消费的影响系数大小有所差异，但依然显著为正，这说明了本章所论述结论的稳健性。

此外，在回归模型（4-3）中，重点描述了估值偏误和资产价值对家庭消费的影响，另一可能的顾虑是，这一关系可能源于访户根据历史信息对房价未来涨速的判断，已有住房的家庭如果感知房价上涨较快，那么消费和估值偏误间的关系可能源于资产价值增速，而并非其本身的影响。不仅如此，文献中所强调的"财富效应"描述的是财富增量对消费的影响，那么更合理的分析应该考虑资产价值的增速和对未来的预期。为了处理这一顾虑，在表 4 - 4 的第（4）列，我们在模型（4-3）的基础上控制了社区房价的年均增长率（*growth rate*），从回归结果来看，该变量对于家庭消费水平并无解释力，但并不影响估值偏误对于消费的正向关系。

如果本章所分析的"财富幻觉"描述了估值偏差对家庭消费行为产生的影响，这一影响很可能源于房产变现的难易程度，对于拥有多套住房的家庭，消费和家庭财富的关联可能更加明显，对于仅拥有一套住房的家庭，估值偏差对消费的影响难以说明存在明显的效应，为了处理这一顾虑，我们在第（5）列，汇报了在模型（4-3）的基础上加入家庭拥有的住房数量（*House*）的回归结果，结果显示，该变量对于消费存在显著的正向影响，进一步印证了前文所述的资产效应，不仅如此，该变量引入模型中并未减弱估值偏误所产生的影响。

表4-4 估值偏误和家庭消费——稳健性检验

面板 A：OLS	$Y = lconsump$				
	（1）	（2）	（3）	（4）	（5）
bias ratio (*top* 10% *D*)	0.188 *** (0.040)				
bias ratio (*anul. gth*)		0.019 *** (0.003)			
log(*real value*) (*anul. gth*)		0.200 *** (0.016)			
bias ratio (*trans.*)			0.190 *** (0.025)		
log(*real value*) (*trans.*)			0.236 *** (0.020)		
bias ratio				0.142 *** (0.019)	0.132 *** (0.018)
log(*real value*)	0.204 *** (0.019)			0.256 *** (0.021)	0.261 *** (0.020)
growth rate				0.000 (0.013)	
House					0.121 *** (0.014)
观测值	14145	7140	11785	11675	11871
R^2	0.439	0.450	0.421	0.429	0.432

续表

面板 B：2SLS	$Y = lconsump$				
	（1）	（2）	（3）	（4）	（5）
bias ratio (*top 10% D*)	0.288 *** (0.043)				
bias ratio (*anul. gth*)		0.037 *** (0.004)			
log(*real value*) (*anul. gth*)		0.361 *** (0.031)			
bias ratio (*trans.*)			0.207 *** (0.027)		
log(*real value*) (*trans.*)			0.303 *** (0.031)		
bias ratio				0.162 *** (0.019)	0.150 *** (0.019)
log(*real value*)	0.749 *** (0.056)			0.406 *** (0.036)	0.405 *** (0.035)
growth_ rate				0.013 (0.014)	
House					0.121 *** (0.014)
弱工具变量检验	98.51	132.00	179.21	171.10	179.21
观测值	13993	7053	11662	11547	11742
R^2	0.377	0.438	0.423	0.426	0.430

注：面板 A 和面板 B 均已控制社区虚拟变量和其他控制变量。括号内为稳健性标准误，* 指 $p < 0.1$，** 指 $p < 0.05$，*** 指 $p < 0.01$。

至此，从基本模型入手，检验估值偏误和消费的关系；在考虑了内生性问题，同时进行了一系列稳健性检验后，本章经验假说 4 - 1 得到了验证：居民对资产的估值偏误导致了家庭消费水平更高。平均而言，给定收入水平、家庭其他资产、家庭特征、户主特征以及考虑地区差异后，城镇家庭对资产的估值偏误每增加 10%，将导致家庭消费水平显著增加 1.4%。这一结论不仅从计量上描述了消费行为和家庭资产间的正向关联，也说明了传统文献中所描述的"财富效应"是由资产本身所产生的"资产效应"以及对资产的估值偏误所产生的"财富幻觉"所构成的。这一结论更深层次地捕捉到消费行为中的非理性行为：除了家庭收入、资产价值、家庭和个人特征外的经济变量，主观因素对家庭消费同样存在显著的影响。

4.5　进一步讨论

4.5.1　传导机制和影响渠道

在上节分析中，我们描述了在控制家庭特征、家庭资产等因素后，发现估值偏误更高的家庭其消费水平也更高。那么为何在家庭的收入水平并未显著提高的情况下（控制了家庭收入），这些家庭的消费水平能显著增加？也即支持家庭增加消费的资金来源是什么？本节讨论估值偏误产生影响的渠道。

一个可能的渠道是信贷支持，通过获得信贷，缓解了这类家庭的流动性约束，有足够的资金用于消费（包括非理性消费）；从需求上来看，这类家庭可能表现出较高的信贷需求。为了检验这一判断的准确性，我们从家庭的借贷行为差异这点入手。CHFS 的数据提供了家庭因生产经营、购房、购车、子女教育等而产生的借贷活动，参考前人研究（Cull et al. , 2016，2019），我们根据是否有贷款来描述家庭的信贷需求，并重点描述家庭的正规金融（*formal*）需求。本章使用如下 Probit 模型分析估值偏误和家庭信贷需求的关联，并使用工具变量处理内生性问题。

$$Y = P\big[\beta_0 + \beta_1(bias\ ratio_i) + \beta_2\log(real\ value_i) + \beta_3\log(production\ asset_i)$$
$$+ \beta_4\log(financial\ asset_i) + \gamma X + \epsilon_i = 1\big] \tag{4-7}$$

其中 Y 分别指家庭是否存在信贷需求（包括了从银行获得正规金融和其他渠道的非正规金融）、正规金融（*formal*）需求的虚拟变量，用于衡量家庭的信贷需求，表 4-5 的面板 A 展示了此模型的回归结果。

表 4 - 5　　　　　　　　进一步讨论（传导机制）

面板 A	(1)	(2)	(3)	(4)
	$Y=$ 是否存在信贷需求		$Y=$ 是否有正规金融需求	
bias ratio	0.005 (0.008)	0.010 (0.026)	0.038 *** (0.007)	0.161 *** (0.030)
估计模型	Probit	IV – Probit	Probit	IV – Probit
观测值	9158	11729	11126	11004
R^2	0.154		0.205	
面板 B	$Y=lconsump$			
bias ratio	0.151 *** (0.020)	0.148 *** (0.020)	0.147 *** (0.019)	0.116 *** (0.018)
ldebt	0.010 *** (0.002)			
ldebt × bias ratio	-0.006 *** (0.002)			
lbank_amount		0.011 *** (0.002)		
lbank_amount × bias ratio		-0.006 *** (0.002)		
lnonbank_amount			0.002 (0.002)	
lnonbank amount × bias ratio			-0.006 * (0.003)	
debt2inc				0.020 *** (0.003)
debt2inc × bias ratio				-0.010 *** (0.004)
观测值	11910	11910	11910	11637
R^2	0.431	0.430	0.427	0.478

注：面板 A 和面板 B 均已控制社区虚拟变量和其他控制变量。在面板 A 中，使用 IV – Probit 进行 MLE 估计时，迭代次数为 10 次左右。括号内为稳健性标准误，* 指 $p<0.1$，** 指 $p<0.05$，*** 指 $p<0.01$。

表4-5的面板A中，前两列的被解释变量为家庭的信贷需求，后两列为正规金融需求，第（1）、（3）列使用 Probit 进行回归，第（2）、（4）列使用 IV-Probit 进行回归，回归结果均展示的是边际影响系数（*marginal effect*）。根据面板A的回归结果，估值偏误和家庭正规金融需求间存在显著的关联，估值偏误更高的家庭，其正规金融的信贷需求也更高（回归系数约为0.038）。从这一结果可知，估值偏误越高的家庭，其正规金融的信贷需求也更高，这可能是支持家庭增加消费的重要原因。

进一步的，从家庭的信贷规模来看，如果家庭背负较多的债务，一定程度上增加了家庭的流动性约束。如果假说4-2所描述的流动性约束是估值偏误对消费产生影响的重要渠道，那么家庭流动性约束的增强必然影响本章的基准结果。对此，在表4-5的面板B部分，分析了家庭的流动性约束是否影响估值偏误的影响系数。我们使用家庭的债务规模作为流动性约束的代理变量，债务规模越大，流动性约束越强。在实际操作中，我们分别使用家庭所有债务规模（*ldebt*）、正规金融债务（*lbank_amount*）、非正规金融债务（*lnonbank_amount*）、家庭债务—收入比（*debt2inc*）作为代理变量。我们将这些变量及与估值偏误的交互项分别加入基准模型（4-3）。如果假说4-2成立，那么估值偏误的影响系数将随着流动性约束的增强而减弱。

根据面板B的回归结果，估值偏误和流动性约束交互项的影响系数显著为负，这说明估值偏误对于消费的影响将随着家庭流动性约束的增加而减弱，流动性约束越强，估值偏误和消费的正向关联越弱。从另一个角度来看，家庭流动性约束的缓解，是使得估值偏误家庭有更多消费的重要原因。由此，假说4-2得到了证实。

4.5.2 对家庭消费行为的影响

估值偏误差异不仅体现在家庭流动性约束和信贷需求等方面。由于消费行为存在非理性成分，如果估值偏误是个体固有的特征，那么对家庭其他方面也会产生相应的影响，如预期家庭储蓄更少、消费习惯改变等。

本章使用家庭的储蓄率、家庭消费结构来观测估值偏误对家庭其他方面的影响。在表4-6的第（1）列，被解释变量是家庭的储蓄率。回归结果显示，估值偏误越高，家庭的储蓄率越低。估值偏误每增加1%，家庭的储蓄率降低0.33%左右；使用2SLS回归后，这一结论依然成立。这表明估值偏误较高家庭的高消费并非是无成本的，其显著降低了家庭的储蓄，可见"财富幻觉"所产生的非理性消费行为具有相当规模的负面效应。

表4-6　　　　　　　　　进一步讨论（对家庭其他方面的影响）

面板 A：OLS	(1)	(2)	(3)	(4)	(5)	(6)
	OLS			2SLS		
	saving	*ldaily*	*lconspicuous*	*saving*	*ldaily*	*lconspicuous*
bias_ratio	−0.330 *** (0.059)	0.129 *** (0.020)	0.118 *** (0.041)	−0.379 *** (0.064)	0.146 *** (0.021)	0.122 *** (0.044)
log(*real value*)	−0.560 *** (0.095)	0.267 *** (0.022)	0.422 *** (0.061)	−0.917 *** (0.169)	0.390 *** (0.034)	0.453 *** (0.103)
社区虚拟变量	控制	控制	控制	控制	控制	控制
其他控制变量	控制	控制	控制	控制	控制	控制
弱工具变量检验	—	—	—	178.70	179.21	179.21
观测值	11558	11910	11910	11435	11780	11780
R^2	0.462	0.407	0.378	0.463	0.412	0.380

注：括号内为稳健性标准误，＊指 $p < 0.1$，＊＊指 $p < 0.05$，＊＊＊指 $p < 0.01$。

在表4-6第（2）、（3）列，将消费种类重新划分，观测了估值偏误对家庭消费细分项目的影响。我们使用以家庭日常衣食住行定义的即期消费（*ldaily*）、以可见性消费定义的炫耀性消费（*lconspicuous*）作为主要的被解释变量。选择这两类的主要原因是考虑到"财富幻觉"对家庭非理性消费的影响更容易体现在即期的消费品，预期估值偏误对其有正向影响。回归结果显示，估值偏误更高的家庭在即期消费和炫耀性消费方面的支出更高。在第（5）、（6）列进行2SLS回归后结论依然成立。这一结果验证了本章的假说4-3。

4.5.3 估值偏误的影响因素

前文通过估算住房的真实价值，进而构造了估值偏误指标。除了文献中所描述的特征，还有哪些因素影响到个人对自有住房的估值偏误程度？我们从家庭所处城市的信息传递环境，以及地方的经济/金融市场发展程度两个方面来进行探究。

家庭对资产价值的判断很大程度取决于对市场信息的了解，而信息传递的有效程度（通畅和获取信息难易程度）对价值判断的准确性有重要影响。基于这一认识，我们进一步探讨地方信息传递的发展程度对访户的估值偏误的作用。在表4－7的第（1）、（2）列，我们使用了家庭所在城市（地级市）层面电信业务量作为信息传递发展程度的代理变量（ltele_busi），进而判断对访户的估值偏误是否存在显著影响。回归结果显示，城市的信息传递发展程度越高，访户的估值偏误越低；即便使用地方 GDP 进行单位化处理（tele2gdp），这一结果也依然成立。这表明提高信息传递的有效性和及时性，对于减少访户的估值偏误，进而缓解"财富幻觉"及产生的非理性消费有明显的作用。

表4－7　　　　　　进一步讨论（估值偏误的影响因素）

Y = bias ratio	(1)	(2)	(3)	(4)	(5)	(6)	(7)
	信息传递发展程度		经济和金融发展程度				
ltele_busi	－0.113 *** (0.028)						
tele2gdp		－4.945 *** (1.242)					
log(GDP)			－0.225 *** (0.045)				
log(bank)				－1.307 *** (0.361)			

续表

$Y = bias\ ratio$	(1)	(2)	(3)	(4)	(5)	(6)	(7)
	信息传递发展程度		经济和金融发展程度				
$\log(bank\ deposit)$					-0.322*** (0.078)		
$\log(bank\ loan)$						-0.388*** (0.094)	
$\log(depo + loan)$							-0.345*** (0.084)
其他控制变量	控制	控制	控制	控制	控制	控制	控制
社区虚拟变量	控制	控制	控制	控制	控制	控制	控制
观测值	8330	8330	10722	8955	10722	10722	10722
R^2	0.504	0.504	0.535	0.497	0.535	0.535	0.535

注：本表中，其他控制变量和社区虚拟变量均已控制。括号内为稳健性标准误，* 指 $p < 0.1$，** 指 $p < 0.05$，*** 指 $p < 0.01$。

实验经济学的证据表明，市场交易经验会影响禀赋效应的效果，其中，对有经验的交易者，禀赋效应表现的影响较弱（List，2004）。虽然相比其他金融资产，住房的交易频率较低；但居民可通过其他领域的市场交易行为加强对自有资产的认识，从而减弱禀赋效应。这种基于经验的学习和改进能够迁移到房产交易中，进而减小估值偏误。因此，居民所在城市的市场经济发达程度可能影响估值偏误的大小。在表4-7的第（3）~（7）列中，我们使用城市（地级市）的经济发展程度和金融发展程度描述对估值偏误的影响；分别以城市的经济总量（$\log(GDP)$）来衡量经济发展程度，以城市的银行数量（$\log(bank)$）、地区银行存款规模（$\log(bank\ deposit)$）、地区银行贷款规模（$\log(bank\ loan)$）、地区银行存贷规模（$\log(depo + loan)$）等指标来衡量地方金融市场的发展程度。根据回归结果，城市经济发展程度越高、金融市场发展程度越高，家庭的估值偏误程度也越小。这一结果表明，经济发达和金融市场成熟对于减少居民非理性的估值偏误具有明显作用。

4.6　本章小结

本章探讨了在"禀赋效应"理论下，我国城镇家庭估值偏误所引致的"财富幻觉"对家庭消费的影响。基于有全国代表性的家庭微观调查，研究发现估值偏误对家庭消费的决策存在影响，并且受到流动性约束的限制。家庭流动性约束的缓解是估值偏误家庭消费增加的重要原因；估值偏误降低了家庭储蓄率并引致炫耀性消费行为。

由于个人心理偏误、信息获取存在成本和策略性动机等原因，世界各国居民普遍存在高估其房产价值的倾向，其幅度从3%到13%不等。国外研究表明，这一系统性的估值偏误对家庭的消费、资产配置均产生了显著的影响。房产在中国城市居民的财富中占有最大的比重；在我国金融市场发展还不够成熟，投资者缺少相关金融知识，理性程度不够，且消费信贷体系有待发展的背景下，居民对自有房产的估值更可能出现偏误，并影响其消费、债务、储蓄等行为。

本章利用中国家庭金融调查2011年、2013年两轮的城镇居民数据，首次就上述问题进行系统分析。本章的研究结果表明，平均而言，我国居民对家庭房产价值的高估幅度达9.4%；估值偏误越高的家庭，其消费水平也显著越高；在使用不同的模型估计资产实际价值，使用滞后变量模型、工具变量等方法处理内生性后，这一关系依然稳健。同时，估值偏误对家庭消费的影响主要源于家庭的流动性约束；此外，估值偏误在家庭储蓄率和消费习惯方面仍有显著影响：估值偏误越高，家庭储蓄率也越低，并且偏向于增加炫耀性消费和即期消费。信息传递的有效程度对估值偏误影响显著，表现为城市经济发展程度越高、金融市场发展程度越高，家庭的估值偏误程度越小。此外，我国居民的心理因素对于个人行为产生着重要影响，非理性的估值偏误产生了"财富幻觉"，加剧了非理性的消费行为和借贷行为，恶化了消费结构。长期来看，这加大了城镇家庭可能面临的金融风险，可能成为社会不稳定的来源。因此，本章希望关于中国居民消费的研究未来能更加重视居民心理因素的作用。

　　本章的研究一定程度上丰富了我国住房估值偏误的研究。长期以来，在关于家庭金融的微观研究中，研究者通常使用调研数据中个体对资产的自估价值进行分析，但估值的准确性很大程度上影响分析结果的可靠性。在本章中，我们首次量化了中国居民对自有住房价值的估值偏误。基准回归结果表明，估值偏误每增加10%，家庭消费水平增加1.4%左右。这意味着已有研究所描述的"财富效应"实际已包含了由资产实际价值所产生的"资产效应"和由资产估值偏误所引致的"财富幻觉"。本章结合中国实际，认为我国居民表现出的估值偏误会受到个体所获信息水平高低和所处环境经济金融发展程度的影响。实证研究表明，生活在较高的信息化水平、市场繁荣程度和金融市场成熟程度城市的居民则具有较低的估值偏误。这说明，我国需要进一步建立健康完善的社会主义市场经济体系，在房地产市场中提升信息传递效率，降低信息成本，进而弱化居民的"财富幻觉"，克制非理性行为，从而改善消费结构，提升经济效率。由此来看，由房产中介机构广泛建立的网络平台能够相对清晰透明地显示房产价格，在一定程度上有助于帮助居民正确了解自身房产价值，从而起到减少估值偏误的作用。

　　居民自有房产实际价值的估算是家庭金融研究中的一大挑战。由于可靠的第三方提供的房产价值信息缺失，本章采取了多种方法去测度房产实际价值，包括使用特征价格模型、社区房价增长率模型、社区住房成交信息、访员评估价值等。但是，上述测度方法都只是近似估计，不能代替房屋真实的市场价值。我们期待未来采用更可靠的房产价值数据进行深入研究。此外，居民的心理偏误有着很多形式，其影响也各不相同，由"禀赋效应"所导致的估值偏误只是其中一种。而估值偏误作为一种心理倾向，不仅影响消费和借贷决策，还可能会影响资产组合等金融决策。在下一章，我们将以家庭投资行为切入点，识别影响居民投资决策的心理特征，深入了解居民的风险认知偏差，进一步分析居民的风险市场有限参与之谜。

第 5 章

估值偏误、过度自信与家庭资产配置[*]

5.1 引言及研究背景

股市有限参与率之谜、投资过度集中、对本地股票偏好被认为是和传统金融理论不相符的三大问题（Korniotis and Kumar, 2013）。根据中国家庭金融调查的数据，2013 年我国居民股市参与比例仅为 9.3%，[①] 远低于美国（15%）、欧洲（23%）等发达国家和地区（Xia et al., 2014）。近年来国内外研究不断探讨其背后的影响因素，随着行为金融理论的完善和发展，从个人心理层面的非理性特征解释有限参与之谜已成为行为金融领域研究的重要组成部分。与此同时，中国证券市场投资者结构仍以中小投资者为主。深圳证券交易所发布《2016 年个人投资者状况调查报告》显示，77% 的受访投资者证券账户资产量在 50 万元以下。分析显示，投资者频繁交易、过度集中持股、追涨杀跌等投资行为偏差是其亏损的重要原因。因此，研究我国居民心理特征对投资决策的影响，将为理解我国金融市场的运行逻辑提供重要的思路。

从个体心理层面分析投资决策对数据的要求较高，除了个体的人口学特

---

[*] 本章的主要研究内容发表于《经济学（季刊）》2019 年第 18 卷第 3 期：《过度自信、风险偏好和资产配置：来自中国城镇家庭的经验证据》。

① 根据 CHFS 数据计算。

征和家户特征外，个人心理层面的测度也是一个重要的内容。研究者通常难以获取既包含个体心理特征，又涵盖人口学特征，同时具有代表性的家户信息。因而，常见做法是使用实验数据对投资决策进行模拟（Breuer et al.，2014），或者使用替代指标分析心理特征的影响（Puri and Robinson，2007；Huang and Luo，2015）。

基于行为经济学关于过度自信的定义并参考以往文献，本章认为个体对真实价值的认知偏差在一定程度上能够反映其过度自信程度。因此，本章沿用前文指标构建方法，使用中国家庭金融调查的家户调查数据，通过描述受访者在对住房自我估值时的系统性偏误，构建其过度自信指标。这一指标涵盖了受访者对自有财产的认知偏差及对自我成功归因等心理特点，并与过度自信程度密切相关。①

本章主要研究过度自信对居民金融市场参与意愿和参与深度，以及对投资决策的影响。结合现有关于风险市场参与的研究，我们在控制家庭收入、资产，以及其他人口学特征条件下，实证研究发现过度自信显著提高了个体参与风险市场的可能性，并且显著增加了风险资产的参与深度。这一结论在使用工具变量处理内生性问题、重新测算住房实际价值进行稳健性检验、排除个人认知能力等混杂因素等方法后依然成立，证明了核心结论的稳健性。而传导机制的研究发现风险偏好的差异可能是过度自信个体更多参与风险市场的原因。不仅如此，研究同时发现自信投资者持有的风险资产种类更多，家庭的债务规模和债务—收入比更高，并且存在一定的非理性投资——具体表现为投资过度集中于某只股票，并且在不会带来更多收益的情况下，交易更加频繁。

总体而言，本章的研究有如下几点贡献。

首先，由于数据获取的限制，现有国内研究缺少描述居民心理特点对投资行为影响的文献。本章基于行为经济学，使用有全国代表性的家户调查数

---

① 个体对资产估值偏误主要源于过度自信与禀赋效应等心理偏误，前文中我们致力于探讨居民估值偏误与消费的因果关系，这与禀赋效应所强调的商品高估的价值是在进行交易的过程中得到体现的思想一致，因此在第 4 章我们更多关注禀赋效应带来的影响，这与本章利用过度自信与估值偏误之间关系构建过度自信指标并不矛盾。

据构造受访者过度自信指标，为分析我国居民心理特征对金融市场参与的影响提供了证据。

其次，目前对于我国居民的投资行为在多大程度上受心理因素影响，尚缺乏实证研究的完整分析。吴卫星等（2006）的研究，从数理模型推导出过度自信是影响居民投资决策的重要非理性特点，提供了基本的理论框架；而本章使用 Probit 模型对此进行补充。

再其次，在我国金融市场发展不完善，上市企业信息披露渠道不清晰的背景下，投资者对市场信息掌握尚不充分，进而导致投资决策的偏误。本章的研究进一步表明，过度自信等心理特征可能导致投资者的过度反应，为我国建立健康有序的金融市场带来阻碍。本章结论对完善和丰富信息发布渠道，建立健康的风险市场有积极的政策启示。

最后，虽然现有研究对我国金融市场有限市场参与之谜进行了大量解释，但鲜有从过度自信等个人心理特点的角度切入分析。诚然，个体的人口学特征、财富、收入、社会关系等对理解我国居民的投资行为有重要作用，但基于心理学的行为金融等角度展开分析，丰富解释的角度，是一种有益的尝试。

本章结构组织如下：5.1 节是引言及研究背景；5.2 节对已有文献述评并提出经验假说；5.3 节描述实证分析的数据及来源、变量定义；5.4 节介绍本章的主要回归模型和基准回归结果，并对内生性问题进行讨论；5.5 节是稳健性检验，基于不同指标检验本章基准回归的稳健性；5.6 节进一步讨论过度自信个体的投资行为差异；5.7 节是本章的小结。

5.2 文献述评及经验假说

5.2.1 有限市场参与的理论和实证基础

已有文献探讨了影响风险市场参与的因素，基于研究角度的差异，得到差异化的结论。综合而言，这类研究可以分为基于个体特征、基于个体所处环境等类型的分析。

从个体特征来看，研究者主要从人口学信息分析对家庭风险市场参与的影响，典型特征包括年龄、教育、IQ、财富、收入、家庭结构等（Vissing - Jorgensen，2002；Peress，2004；Cocco et al.，2005；Grinblatt et al.，2011；Cole et al.，2014）。例如，科科等（Cocco et al.，2005）发现在生命周期框架下，家庭财富分配到风险资产的比例随着生命周期而递减；格林布拉特等（Grinblatt et al.，2011）从投资者的 IQ 出发分析对股票市场参与的影响，发现高智商的投资者持有风险资产的概率更高，并且能经历较低的风险；瓦赫特和约戈（Wachter and Yogo，2010）通过建立关于消费和资产配置的生命周期模型，发现增加家庭财富会促进家庭风险资产的比重上升。牛耕等（Niu et al.，2020）使用 CHIP 数据，通过经验检验发现，在一个家庭中，户主及其配偶的兄弟姐妹能够提供信贷并分担风险，具体而言，兄弟数量的增加不仅提高了个体股票市场的参与率，也提高了股票在投资组合中的份额。进一步研究发现，对于收入风险较高、健康状况不佳、私人保险未覆盖以及生活在金融欠发展地区的个体来说，兄弟数量对金融风险承担的影响更大。科尔等（Cole et al.，2014）通过研究美国义务教育法调整对教育程度产生影响的外生政策，认为教育程度的增加显著提高了个人参与金融市场的概率（4% 左右），其机制是通过储蓄和投资行为所传导的，而并非简单由劳动收入提高所决定。

其他研究主要分析个人知识结构——金融知识角度对资产配置的影响。[1]金融知识对于人们理解金融产品的属性和风险有重要作用，减少了人们对金融资产信息获取的成本，甚至增加了人们的风险偏好，对个体参与风险市场有显著影响（尹志超等，2014），因而受到研究者的广泛关注。如罗伊等（Rooij et al.，2011）使用荷兰银行的家户调查，研究金融知识对股票市场参与的影响，大多数的家户只有基本的金融知识，具有较多金融知识的家庭参与股票市场概率也更高，这一结论对不完善的金融市场同样适用（尹志超等，2014）。角屋等（Kadoya et al.，2017）使用日本全国性调查"偏好参数研究"数据考察了金融知识是否影响股市参与，研究发现，股市参与度与金

---

[1]　Van Rooij, M., Lusardi, A., Alessie, R., Financial Literacy and Stock Market Participation. *Journal of Financial Economics*, Vol. 101, No. 2, 2011, pp. 449 –472.

融素养、风险资产投资、投资者避险情绪等问题有关，缺乏金融知识是人们不愿参与日本股市的重要原因。

部分文献关注个人/家庭所处的外部环境对风险市场参与的影响，主要从社会交互活动、信任和关系等社会属性的角度进行分析（Hong et al.，2004；Guiso et al.，2008；朱光伟等，2014）。区别于讨论个人特征影响的文献，这类文献重点强调个人的互动环境，从金融环境、信息成本、关系网络等角度描述家庭的资产配置决策，由于所研究的问题具有较强的政策含义，受到学术界的关注也较多。例如，洪淑贤等（Hong et al.，2004）使用美国微观数据发现那些和邻居互动较多，或积极参与教堂活动的家庭，参与风险市场的比例也更高，这一结论在中国也同样成立（李涛，2006；周铭山等，2011）。这种影响在高收入、高教育、高人口密度群体和牛市时期更为明显。社会互动对风险市场的影响，一般认为是通过降低决策成本、增加交流的愉悦、参考社会规范等渠道产生影响的。后续研究进一步发现，网络信息和社会互动对于股市参与均存在影响，且为相互替代关系。郭士祺和梁平汉（2014）分别以礼金支出和通讯支出为指标，通过实证检验社会互动及信息渠道对家庭股市参与的影响，结果表明社会互动与网络信息在促进股市参与上相互替代；对于低社会互动的家庭，可得网络信息相较无法获得信息的家庭，参与股市投资的可能性增加 14.1%；而在高社会互动的家庭中，这一影响仅为 6.2%。孟涓涓等（2013）将口口相传式的社会学习和从众心理这两种社会交互进行区分，发现口口相传的社会学习对个人投资决策影响更加普遍。吉索等（Guiso et al.，2008）认为信任度是影响个体参与股市的重要因素，基于荷兰和意大利数据，研究发现较低的信任程度显著降低了参与股市的概率，购买风险资产的规模也更小，而国内的研究也得到了类似的结论（李涛，2006）。朱光伟等（2014）针对我国关系型社会的社会架构，从个人"关系"的角度分析影响股票市场参与的因素，根据中国家庭金融调查构建的关系型指标，分析对股市参与及其回报的影响（关系型指数每增加 1%，参与概率增加 0.2%，参与程度增加 0.7%），而其影响的主要渠道是通过信息获取程度和社会活跃程度两个方面。在此基础上，较少部分研究使用官方汇编的中国股票开户数据，系统地评估可支配收入、人口等宏观经济因素，股票市场状况和社会交流等因素在股市参与率水平的重要性，发现社会沟通能够刺激居民股市参与，且在高收入、高学历、高人口密度群体和牛市时期更为明显（Gao et al.，2019）。

近年来，有关个人特征对风险市场参与影响的研究已经深入其他领域，结合如认知能力、过度自信等心理学科的内容。认知能力通常被认为涵盖IQ、记忆能力、词汇能力、计算能力等因素。前文所述金融知识、IQ 等对风险市场参与的影响实际反映了认知能力的作用。不仅如此，认知能力对个人的风险偏好（Dohmen et al.，2010）[①]、信息处理能力（Christelis et al.，2010）、数字计算能力（Agarwal and Mazumder，2013）等方面也有显著作用，进而影响个人的风险市场参与。例如，克里斯特利斯等（2010）发现个人的股票投资意愿和认知能力显著相关，不仅对购买股票的直接参与，对共同基金和养老金账户的间接参与也有显著的影响，这主要是因为风险市场参与涉及大量的信息甄别和处理，对认知能力，尤其是计算能力有较高的要求。与此同时，塔尔普塞普等（Talpsepp et al.，2020）也认为更好的数学能力、整体较高的学术能力和特定的教育背景增加了特定投资者成为最有利可图的投资者的可能性，并且相对于其他课程数学成绩对股市表现的影响最大，这是因为具有更强的数学和整体学习能力的投资者可以选择适度的交易频率，且能够自主寻找有利可图的股票交易，而并非使用任何特定的交易策略。科尔尼奥蒂斯和库马尔（2011）同样认为个人的认知能力显著影响其金融决策，认知能力较高的人更可能参与股票市场并且积累较多的金融财富。此外，国内的研究也得到相同的结论，发现即使在金融市场不够发达的国家，认知能力和风险市场参与也存在显著的正相关关系（孟亦佳，2014；朱涛等，2016）。

5.2.2　个体过度自信的影响与特征

个人的心理状态和自我评估是影响家庭投资决策的重要因素，因而受到越来越多文献的关注。在行为金融领域中，研究者从资产配置、交易行为和资产估值等多角度探讨个体过度自信产生的影响（Odean，1998，1999；Bar-

---

　　① 安德森等（Andersson et al.，2016）认为，认知能力和风险规避行为的相关性是由实验设计的不同而导致的。

ber and Odean, 2001）。

过度自信是很普遍的现象，研究者在物理学家、护士、投资银行家、工程师、企业家、管理人员等群体中均观测到一定程度的过度自信现象。通常，过度自信表现为：自评能力高于平均水平、估值区间狭窄、事务的控制幻觉、成功的自我归因、过度乐观等（王山慧等，2013），在心理学研究中，将其总结为以下三方面：over-estimation（过高估计），over-placement（过高定位）和 over-precision（过高精确）。

过度自信产生的影响是显而易见的。研究表明，过度自信的投资者交易更加频繁（Barber and Odean, 2001）、对资产自我估值过高（Odean, 1998）、对掌握的信息更加敏感（Odean, 1999）；而市场上过度自信投资者过多，将导致较多的资产泡沫（吴卫星等，2006）。过度自信的管理者对于企业的日常运营也影响显著，在企业的投资决策扭曲（Malmendier and Tate, 2005）、融资策略选择（Malmendier et al., 2011；余明桂等，2006）、企业家的冒险创业活动（Trevelyan, 2008）、技术创新活动（王山慧等，2013）、过度扩张行为（姜付秀等，2009）等方面均起到一定的作用，最终影响企业的经营状况。

学界有关过度自信的研究，较多集中探讨其影响参与金融市场的投资者和企业高管，成果也相对丰富；而在行为金融领域，研究过度自信对家庭金融决策的作用仍处于起步阶段。由于对数据质量的要求相对较高，而常见有全国代表性的微观调查并无专门模块询问个人心理特征。因此，研究者通常更多采用其他方式（间接代理指标、实验方法等）进行分析：如普里和罗宾逊（Puri and Robinson, 2007）使用美国 SCF 调查，根据个人自估预期寿命和实际寿命的差异构造乐观程度（Optimism），研究个人的金融决策，发现乐观的个人投资股票和储蓄均更多。也有部分研究根据个人汇报的身体状况和检测的身体状况之间差异构建过度自信指标，以研究过度自信是否影响个人参与健康保险市场（Huang and Luo, 2015），结果表明，人们普遍没有充分认识到自己的健康问题，这是由于其是根据感知而非实际风险作为决策依据，即使保险成本很低，也存在个体拒绝保险的现象。此外，过度自信在人群中分布并不均匀，受过高等教育或实际健康状况较好的人，更有可能掌握健康的真实信息，并且过度自信通常与较少的保险覆盖和医疗保健使用有关。布罗伊尔等（2014）关注个体的风险态度，识别影响个体参与股市的因素，认为个体的心理因素——过度自信和过度乐观会影响其资产配置，并使用德国和新加坡的微观数据进行实证检验，证实了这一结论。凯莫勒和洛瓦洛（Camerer and Lovallo，1999）使用实验数据，发现过度自信的个体参与竞争性市场更加积极，他们更相信自己的能力，而导致较多失败。其他研究，如诺西奇和韦伯（Nosić and Weber，2010）也使用实验的方法探索过度自信和从事风险活动的关系。

国外现有有关个体过度自信对投资决策影响的研究也已相当充分，已涵盖过度自信投资者特征、过度自信与投资之间关系以及非理性投资产生影响等内容。如穆西纳达和维卢里（Mushinada and Veluri，2017）的研究显示过度自信的投资者对私人信息反应过度，对公共信息反应不足。该研究结果表明，投资者应该对每项投资进行事后分析，这有助于其最大限度地减少自我归因和过度自信对预期效用的负面影响。有研究显示，男性在自我交易能力方面有更高的过度自信，且交易次数明显多于女性，但没有增加有关风险处理的交易（Yang and Zhu，2016）。在此基础上，特雷霍斯等（2018）结合定性（QCA）和定量（Logistic）回归方法系统研究过度自信投资者个体特征，证实过度自信不仅与性别，还与职业和教育水平有关。从过度自信与投资之间的关系来看，皮库利纳等（Pikulina et al.，2017）使用实验数据发现，强烈的过度自信会导致过度投资，而自信不足会导致投资不足，但适度自信会导致准确的投资。此外，过度自信与投资之间的关系与个人风险厌恶程度、投资项目的风险性以及激励结构的变化密切相关，而且投资者过于自信，会导致公司被相对高估，从而获得较低的后续股票回报率（Adebambo and Yan，2018）。

国内研究关于居民心理状态与家庭金融决策的文献相对较少，仅停留在家庭的人口学信息和知识结构。吴卫星等（2006）的研究与本章内容具有一定关联，其通过建立理论模型，认为当模型存在不确定且有限市场参与内生时，过度自信投资者和理性投资者的风险市场参与程度有所差异，不确定性导致了有限市场的参与，过度自信导致一些本来不会进入市场的投资者进入市场，提高了整个市场的参与程度。结合金融知识理论，通过构建金融知识的过度自信（financial literacy overconfidence）指标，发现金融知识的过度自信和股票市场参与存在显著的正相关关系（Xia et al.，2014）。

5.2.3 经验假说

尽管近年来国内对于有限市场参与之谜的研究逐渐丰富，但基于个人心理层面角度的研究仍有不足。虽然吴卫星等（2006）探讨过度自信投资者和理性投资者的风险市场参与程度的差异，但是对前者进入风险市场的机制并未充分讨论；限于数据限制，也并未进一步通过实证检验。与此同时，其他相关研究也仅关注金融知识对风险市场参与的作用，只探究了个体知识结构的影响（Xia et al.，2014），而过度自信反映的是个人整体层面的心理状态，因而需要进一步拓展。我们尝试探索在我国金融市场环境下，个人过度自信和参与风险市场间的关联。

而对美国、德国和新加坡的样本，研究者通过实验数据，分析个人的心理因素对风险态度的影响，研究发现，心理因素包含的过度自信和过度乐观，对个人的风险态度有重要作用，进而影响家庭的金融决策（Breuer et al.，2014）。在进行投资决策时，区别于理性投资者，过度自信投资者对其掌握的信息更加敏感；从社会互动、信息传递、人际关系等渠道所获得的风险资产收益信息，会导致其更积极地参与风险市场；即便信息有误，过度自信投资者也可能积极付诸行动（Odean，1999）。因此，在目前我国金融市场有待规范和完善，上市公司信息发布渠道有待透明的背景下，居民易于根据掌握的局部信息做出积极的投资决策，即便与其风险承受能力并不相符。鉴于过度自信通常表现为对自我能力的错误判断，产生事务的控制幻觉和成功的自我归因（王山慧等，2013），可以预期我国过度自信的居民更可能倾向于参与风险市场。因此，本章提出假说 5 - 1。

假说 5 - 1：过度自信个体参与风险市场的可能性和参与程度更高，并且家庭资产结构中风险资产比例更高，无风险资产比例更低。

在传统研究框架下，人口学特征和社会互动对资产配置产生影响的机制比较直观，大多数文献通过生命周期、风险承担、信息传播、信息成本等理论进行解释。但从个体心理角度，探讨过度自信对资产配置的影响渠道仍不明晰。布罗伊尔等（2014）认为心理偏误对个人行为的影响是由于个体风险偏好的差异导致的。如果过度自信投资者与理性投资者的风险偏好客观上存在差异，且风险偏好短期内不变，过度自信将会对家庭投资行为产生显著影响，从而导致风险资产的种类有明显差异——过度自信家庭拥有更多样化的资产结构（如投资性购房和风险资产类别）。此外，根据生命周期理论，在家庭收入未显著增加的前提下，风险资产配置会改变家庭的负债，对其产生资金负担；特别是家庭资产配置种类多样，规模较大时，这一现象更为严重。由此本章提出第二个假说。

假说 5 - 2：过度自信个体的风险偏好存在显著差异，导致其风险投资种类更加多样化；在家庭收入没有显著提高的前提下，这一行为将为家庭带来一定的债务负担，体现在正规金融和非正规金融借贷都有显著的增加。

区别于传统金融理论，过度自信影响个体风险市场参与，反映了个体的非理性特征。本章上述假说主要关注非理性特征在我国居民投资决策中的体现，但尚未谈论其是否显著影响个人的投资策略。鉴于过度自信投资者的信息敏感性较高，存在过高的自我能力估计（Odean，1999；Barber and Odean，2001），这类投资者通常基于局部信息而行动，表现出更频繁的交易行为——即便是在错误信息的诱导下。在我国投资环境、金融市场还有待完善的现状下，过度自信投资者的非理性特征表现更为明显，具体表现在投资的集中度和操作的频率两方面。本章第三个假说如下。

假说 5 - 3：过度自信和风险资产配置的关联捕捉了我国居民投资决策的非理性特征，这一特征同时体现在家庭的投资策略和交易行为上。具体而言，家庭对单只股票的投资更集中，进行更频繁的投资操作，但并不一定能显著提高投资收益。

5.3　数据选取、变量定义和描述统计

5.3.1　数据选取和样本筛选

本章样本选自中国家庭金融调查（CHFS）的微观数据库。在 2013 年的

调查中，涵盖了全国 29 个省、260 个区/县、1029 个社区/村庄，共计 28000 多户家庭，98000 多个个体的信息，具有全国和部分省份的代表性。该调查数据能够达到本章的研究要求。除了人口学特征、家庭收支外，该调查同时详细采集了家庭金融资产和非金融资产信息。金融资产涵盖了家庭的银行存款、股票、债券、基金、理财产品、黄金、现金等的持有情况，用于本章风险市场参与的描述。非金融资产涵盖了家庭住房（多达三套房产信息），工商业生产经营活动、农业生产活动涉及的资产、车辆，以及家庭实物资产等各类资产的价值和负债情况（贷款金额和余额等）。

为和前文分析保持一致，实证分析选取该调查 2013 年的微观数据，共计约 15400 户城镇家庭的横截面数据作为分析样本。在进一步讨论中，我们同时使用 2011 年的调查数据讨论本章过度自信指标的合理性。①

5.3.2 主要变量定义

被解释变量方面，本章选取家庭风险资产配置和无风险资产配置两个方面。

风险市场配置：本章的关注重点之一在于如何描述过度自信影响家庭的风险市场配置。借鉴尹志超等（2014）研究，本章从两个维度描述风险资产配置情况：风险市场参与和参与深度。在风险市场参与方面，选取两个指标：一是狭义的风险市场参与（d_stock），即家庭是否持有股票；二是广义的风险市场参与（d_risky），即是否持有股票、债券、基金、非人民币资产等其他风险资产。在参与深度方面，本章使用股票账户的资产价值对数（lstock），广

---

① 值得注意的是，2015 年的样本流失约 25% 左右，主动选择流失的家庭对分析样本的随机性产生了明显的影响，再考虑到模型中主要变量（过度自信变量）和其他住户特征变量的缺失，导致构造面板数据对于分析的准确性难以有较大的提高。同时，通常使用面板数据是出于增加样本量和控制不可观测因素等方面的考虑，使用固定效应模型在处理遗漏变量、内生性问题方面有一定的优势，这一分析框架是在线性模型进行 OLS 回归的时候常用的思路。在回归分析中，使用了 Probit 和 Tobit 等非线性模型，在此类模型中，使用个体虚拟变量控制个体的固定效应，在时间较长时（50 期左右）能够得到一致的估计，但是当样本跨度时间比较短时，尤其是只有 2~3 期的时间跨度时，通过引入个体虚拟变量控制个体的固定效应将得到不一致的估计结果。即便如此，我们使用 2013~2015 年构成的面板数据对文章的基准结果进行了分析（正文未汇报，有兴趣的读者可以索取），从变量的符号和显著性的角度来看，本章基于 2013 年数据的结果是基本稳健的。

义的风险资产价值对数（*lrisky*）和风险资产占金融资产比重（*risky_ratio*）。

无风险资产配置：本章使用家庭银行账户存款余额（*banking account*，包括活期和定期存款）、无风险资产占金融资产比例（*bank_ratio*）等变量描述无风险资产配置的决策。

后续研究主要涉及的解释变量如下。

过度自信（*over_confi*）：过度自信反映的是个体心理状态。由于学界尚无统一的测度指标，研究者通常根据研究的数据类型进行合理构建。如普里和罗宾逊（2007）根据个人汇报的预期寿命，结合个人实际的寿命判断个人的乐观程度（Optimism），马尔门迪埃等（2016）根据 CEO 对所持本公司非流通股票期权未来价值的判断定义其自信程度。在微观实证领域，除特定的心理学领域，经济和社会学界对如何测量过度自信尚未形成共识，但不同方法的构造原理却是一致的：利用相比真实值的主观估计偏差来描述个体的过度自信程度，本章构造过度自信时同样遵循这一准则。事实上，资产的估值偏误主要源于过度自信、禀赋效应等心理偏误，因此，估值偏误可被视为一种针对过度自信的有效度量。本章沿用前两章估值偏误指标的构建方法，采用受访者对自有房产的价值评估（*reported value*）和住房真实价值（*real value*）的差异比率定义过度自信，具体而言：

$$over\_confi = \frac{report\ value - real\ value}{real\ value} \qquad (5-1)$$

由于自估价值通常会受到受访者个人的信息掌握程度、个人心理状态、主观风险厌恶程度，甚至个人偏好的影响（Kiel and Zabel，1999；Agarwal，2007；Cruijsen et al.，2014），往往存在高估/低估的现象。通过构造和实际价值的离差，较好地描述个人对自有财产认识的偏差，从而反映其过度自信的等级，偏差越大，反映个人的过度自信程度越高，反之亦然。需要强调的是，资产价值估计的准确程度，也可能反映出个人的知识水平和认知能力。为了排除上述因素的影响，我们将在后文进行充分的稳健性检验说明这一指标的合理性。

住房实际价值（*real value*）：由于衡量过度自信需要计算资产价值的估值偏误，获得资产的实际价值将是本环节的重要内容。区别于第 3 章和第 4 章，本章使用社区房价的平均估计衡量自有住房的实际价值。在资产评估中，资产价值通常由市场决定，价值通过买卖双方的交易得到体现。对住房真实价值的评估，可使用其所在社区同期房产的市场交易价格作为参考，或使用房价指数为参考进行估算（Kuzmenko and Timmins，2011；Henriques，2013），或使用第三方机构客观的评估（Agarwal，2007；Gonzalez – Navarro and Quintana – Domeque，2009）。在分析的样本中，2013 年存在交易记录的观测值较少，不足以用于估算所有社区每套住房的价值。同时，目前暂无客观且覆盖广泛的房价指数提供参考，而且受限于调研情况，第三方机构对每套房进行评估的可操作性不高，暂无客观且覆盖广泛的房价指数可供参考。因此，本章使用同社区其他住户对自有住房单位价格的平均估值作为衡量，计算方法为：

$$real\_value_i = area_i \times \overline{price_{-i}} \qquad (5-2)$$

其中 $area_i$ 是第 i 户住房的建筑面积，$\overline{price_{-i}}$ 是本社区除第 i 户外，其他住户对自有住房的单位价格的估计平均值。

生产性资产（production asset）：为全面考虑影响家庭资产配置的因素，本章同时控制家庭的生产性资产。具体而言，该变量定义为使用家庭的工商业活动、农业生产活动的资产价值衡量。本章主要使用居民自估的价值，主要原因在于生产性资产涉及经营活动、租赁和借贷行为，居民对其价值掌握更客观、准确。

控制变量（X）：参考对资产配置的相关研究，其他控制变量包括家庭特征和户主特征。家庭特征主要有：家庭年收入（income）、家庭规模（member，以家庭成员数量衡量）、家庭成员年龄结构（raise_ratio，以抚养比衡量）、家庭成员身体状况（bad health，以家庭成员身体状况是否较差衡量）。户主特征包括以下变量：户主年龄（age）、婚姻状况（marriage）、户主政治面貌（party）、户主教育程度（edu）、户主职位和户主工作类型。同时在模型中加入家庭所在社区的虚拟变量，以控制社区层面的特征。

由于家庭资产配置行为一定程度上由个人的风险态度所决定，本章在回归中控制受访者的风险态度。调查中，投资者意愿的投资项目分为高风险高回报、略高风险略高回报、平均风险平均回报、略低风险略低回报、不愿意承担风险五类。在研究中，我们将其作为虚拟变量用以控制个人风险态度。

稳健性检验中，本章同时使用其他指标定义过度自信：一是使用基于特征价格模型计算实际价值的过度自信（over_confi（hedonic））；二是基于社区房价增长率计算实际价值的过度自信（over_confi（anul. gth））。在后文章节中将详细介绍具体的估算方法。

工具变量（IV）：前文通过住房的估计差值构造个体过度自信指标，可能具有一定内生性。一是存在潜在逆向因果问题：市场行情较好时，对于参与风险市场的家庭，资产增值易导致过度自信的倾向；二是存在一定的遗漏变量问题。家庭的风险市场参与还受到风险态度、社会网络、信息获取渠道等因素的影响，而这类因素难以衡量。为解决该问题，本章参考莫比乌斯等（Mobius et al.，2006）的研究，使用受访者的外在特征作为工具变量。前人研究已证实美貌对个人的影响是明显的（如风险偏好、劳动力溢价等）。莫比乌斯进一步将美貌溢价进行分解，发现自信水平是最重要的传导机制。更美貌的工人，其自信水平更高，劳动生产率也显著增加，导致雇主认为（即使可能是错误的）更美貌的雇员能力更强，从而在现实观测到工资水平的增加。此外，更美貌的个体在成长过程中可能面临更少的不安全感，自信伴随着其生活中的多方面，容易演化为过度自信（Kinser，2014）。莫比乌斯等（2006）进一步认为，相貌的作用对于面对面交流或言语交流的工作更加明显。因此，综合考虑后，本章选择相貌和普通话水平分数作为过度自信的工具变量。[①] 在后文内生性问题讨论中，第一阶段结果也证实了这一判断。

与此同时，工具变量的外生性也是需要重点关注的问题。个体的相貌等特征是由基因所决定的，并不对个体的风险市场参与产生直接影响。与此同时，为了排除掉工具变量与随机扰动项的相关性，在后文稳健性检验中，作者控制了潜在的相关变量，如个体的认知能力、金融知识、金融可得性、信

---

① 在入户调查中，访员在结束后会对受访者的普通话水平和相貌从 1～10 进行评分，得分越高，访员评价越高，在回归中，我们将受访者普通话水平和相貌得分分为 1～3 分，4～7 分，8～10 分三个类别。

息获取难易度等。

其他被解释变量：在进一步讨论中，本章同时使用其他被解释变量进行分析。

（1）个人的乐观预期。本章使用个人对经济变量的乐观预期来衡量过度自信指标的合理性，包括对未来通胀率、未来利率、未来房价等方面的预期，相关数据来源于 2011 年的调查结果。

（2）其他风险—收益选择偏好（*risk_prefer*）。该变量用于描述在进行其他涉及风险—收益选择时是否偏好风险彩票：受访户被询问在两张彩票中进行选择，第一张彩票有 100% 的机会获得 4000 元，第二张彩票有 50% 的机会获得 10000 元，50% 的机会什么也没有。若选择第二张彩票，定义 *risk_prefer* = 1，否则，定义 *risk prefer* = 0。

（3）家庭的实物资产投资。本章将家庭是否持有两套以上的住房衡量家庭的实物资产投资行为。

（4）家庭负债行为。以家庭是否存在信贷需求，家庭融资方式的选择、规模和比例描述家庭负债情况，同时使用债务规模占家庭收入的比重描述过度自信是否产生过度负债行为，从而带来更大的家庭负担。

（5）风险资产投资策略。为进一步分析过度自信对家庭资产配置的影响，本章同时将投资策略作为被解释变量，并使用以下指标衡量：风险资产配置的分散程度（*diversity*），代表风险资产种类；股票只数（*lstk_number*），代表持有的股票只数；单只股票投资规模和交易频率（*freq*），代表每月的交易频次。

5.3.3 主要变量描述统计

根据研究内容，表 5-1 展示了实证研究所涉及主要变量的定义和描述统计。

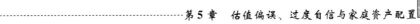

表5-1   主要变量的定义和描述统计

变量名	变量定义	观测值	均值	标准误	最小值	最大值
d_stock	=1，持有股票	15742	0.093	0.291	0.000	1.000
d_risky	=1，持有股票、债券等风险资产	15742	0.132	0.339	0.000	1.000
over_confi	过度自信指标	15742	0.128	0.992	−0.997	27.412
lstock	log(股票资产价值)	15742	0.963	3.047	0.000	15.202
lrisky	log(风险资产价值)	15742	1.369	3.558	0.000	15.342
lsafe	log(无风险资产价值)	15742	8.865	2.570	0.000	15.769
stock_ratio	股票资产/金融资产	15353	0.033	0.131	0.000	1.000
risky_ratio	风险资产/金融资产	15353	0.054	0.171	0.000	1.000
safe_ratio	无风险资产/金融资产	15353	0.898	0.238	0.000	1.000
bank/nonbank loan	=1，正规/非正规金融贷款获取	15742	0.454	0.498	0.000	1.000
bank access	=1，正规金融贷款获取	15742	0.187	0.390	0.000	1.000
nonbank access	=1，非正规金融贷款获取	15742	0.345	0.475	0.000	1.000
lloan_amount	log(家庭负债规模)	15742	3.379	5.277	0.000	20.367
lbank_amount	log(正规金融贷款规模)	15742	1.849	4.357	0.000	20.367
lnonbank_amount	log(非正规金融贷款规模)	15742	1.909	4.152	0.000	19.520
amount_ratio	家庭负债/家庭收入	15143	0.956	3.072	0.000	37.879
diversify	风险资产种类	15742	0.132	0.380	0.000	4.000
lamounts	log(持有股票数量)（只）	15742	0.083	0.352	0.000	6.685
freq	股票交易频率（次/月）	15742	0.042	0.528	0.000	45.455
lliquid	log(流动资产规模)	15742	8.944	2.619	0.000	15.769
liquid_ratio	流动资产/金融资产	15353	0.935	0.192	0.000	1.000
log(real value)	log(房产实际价值)	15742	3.657	0.921	0.579	7.245
lincome	log(家庭收入)	15618	10.487	2.074	0.000	14.179
log(production asset)	log(生产性资产价值)	15742	2.141	4.391	0.000	15.320

5.4 理论假说及实证检验

5.4.1 计量模型设定

本节设定以下模型探究家庭风险市场参与和参与深度。

首先，文章讨论过度自信和风险市场参与的关系；选用 Probit 模型，被解释变量 D 分别使用股票市场参与（d_stock）和广义风险市场参与（d_risky），代表风险市场的参与行为。

$$D = P[\beta_0 + \beta_1 over\_confi_i + \beta_2 \log(real\ value_i)$$
$$+ \beta_3 lincome_i + \gamma X_i + \epsilon_i = 1] \qquad (5-3)$$

式（5-3）中 $over\_confi_i$ 为核心变量，代表过度自信；模型控制住房资产的实际价值，用于捕捉风险市场参与的财富水平；考虑到收入水平反映了家庭的风险承担能力，模型同时控制家庭的总收入；向量 X_i 包含家庭其他控制变量，如家庭规模、家庭抚养比、家庭成员身体状况，以及户主年龄、婚姻状况、政治面貌、户主教育程度、户主职位和工作类型等特征。此外，模型还控制了社区层面的虚拟变量。

随后，研究进一步探讨家庭风险资产的参与深度，使用 Tobit 模型描述股票和广义风险资产的持有情况：

$$asset^* = \beta_0 + \beta_1 over\_confi_i + \beta_2 \log(real\ value_i)$$
$$+ \beta_3 lincome_i + \gamma X_i + \epsilon_i \qquad (5-4)$$

其中，$asset^* = \max(0, asset)$，$asset^*$ 为潜变量，$asset$ 表示家庭股票资产和其他风险资产的价值或比例，$over\_confi_i$ 表示自有房产的价值评估和真实价值的差异比率。

最后，本节使用工具变量处理内生性问题，基于模型（5-3）、（5-4）使用 IV-Probit 和 IV-Tobit 模型，进行极大似然估计，模型设定如下：

$$over\_confi_i = \alpha_0 + \alpha_1 IV_i + \alpha_2 \log(real\ value_i)$$
$$+ \alpha_3 lincome_i + \phi X_i + u_i \qquad (5-5)$$

式（5-5）中 IV_i 是研究中所用工具变量，使用访员对访户的普通话/相貌评分衡量，变量定义如前文所述。

5.4.2　实证结果：基准模型

如果上述理论分析正确，过度自信对家庭风险资产配置应存在显著的正向影响。表5-2汇报了这一结果，第（1）~（3）列展示是否参与股市，第（4）列为是否参与广义的风险市场，来衡量家庭的风险资产配置情况。在第（1）列仅描述过度自信和股市参与的简单关系，第（2）列控制了家庭的年收入、生产经营性资产规模、家庭规模和年龄结构等变量，在第（3）列同时考虑户主的特征，如年龄、婚姻状况、身体状况以及政治面貌（是否为中共党员）等，在第（4）列，主要研究对广义风险市场参与的影响。以上4列回归结果都控制了社区的固定效应、户主的工作属性和职位、受访者的风险态度等变量，面板A使用Probit模型进行回归，面板B汇报了边际效应系数。

表5-2　　　　　　　　过度自信与风险资产配置（风险市场参与）

面板 A：Probit model	（1）	（2）	（3）	（4）
	Y = d_stock			Y = d_risky
over_confi	0.107 *** （0.017）	0.088 *** （0.016）	0.070 *** （0.016）	0.071 *** （0.015）
log(real value)	0.434 *** （0.022）	0.334 *** （0.025）	0.270 *** （0.026）	0.256 *** （0.024）
lincome		0.138 *** （0.024）	0.088 *** （0.019）	0.111 *** （0.019）
log(production asset)		- 0.020 *** （0.005）	- 0.009 * （0.005）	- 0.009 ** （0.005）
house member		- 0.074 *** （0.012）	- 0.044 *** （0.014）	- 0.047 *** （0.012）

续表

面板 A：Probit model	（1）	（2）	（3）	（4）
		Y = d_stock		Y = d_risky
raise_ratio		-0.095 * (0.054)	-0.108 (0.068)	-0.053 (0.060)
bad health			0.065 * (0.038)	0.044 (0.035)
head age			0.006 *** (0.002)	0.006 *** (0.002)
marriage			0.194 *** (0.059)	0.178 *** (0.052)
party			0.025 (0.044)	0.121 *** (0.039)
Constant	-3.326 *** (0.134)	-4.303 *** (0.277)	-4.465 *** (0.268)	-4.162 *** (0.246)
社区虚拟变量	控制	控制	控制	控制
风险态度	控制	控制	控制	控制
户主教育程度	控制	控制	控制	控制
观测值	11082	10928	10922	12228
R^2	0.115	0.164	0.188	0.182
面板 B：边际效应				
over_confi	0.016 *** (0.003)	0.013 *** (0.002)	0.010 *** (0.002)	0.013 *** (0.003)

注：括号内为稳健性标准误，* 指 $p < 0.1$，** 指 $p < 0.05$，*** 指 $p < 0.01$。

回归结果显示，在控制家庭收入、资产、家庭特征、个人特征等变量后，过度自信和风险资产配置间存在显著的正相关关系。面板 B 第（4）列显示，每单位过度自信指标的增加导致家庭配置风险资产的概率显著增加 1.3%，也即过度自信程度增加 1 个标准差，导致风险市场参与概率增加约 0.04 个标准差。不仅如此，其他控制变量的结果也都符合预期：家庭收入和风险市场参与呈现正相关，反映了高收入家庭更高的风险承担能力；抚养比较高的家庭，其风险市场参与概率相对更低，反映出家庭的抚养负担降低了风险承担能力。此外，户主的个人特征影响了风险市场参与情况：随着户主年龄的增加，风险承担能力随之加强，风险市场的参与概率也越高；婚姻状况的系数也表明，已婚家庭的风险市场参与概率更高，反映了夫妻双方共同承担风险能力强于单身家庭；党员的政治身份同时正向显著影响风险市场参与，描述了社会互动和风险市场间的正向关联，其他学者的研究成果也验证了这一点（朱光伟等，2014）。

以上结果显示，在考虑了收入、家庭特征、户主特征等因素后，个体的过度自信和风险资产配置间存在紧密的联系。这一结论在一定程度上揭示了过度自信的个体在进行家庭资产配置的决策时，对风险资产存在一定的偏好，同时也表明其有过高评价自我风险承担能力的可能性。

为了进一步验证结论，我们选择分析过度自信对风险市场参与深度的影响。基于模型（5-4）的设定，分别探究过度自信对家庭股票资产规模、广义风险资产规模的作用。表5-3展示了分析结果：第（1）、（2）列分别使用家庭持有股票规模和广义金融资产规模的对数作为被解释变量，第（4）、（5）列则分别使用股票资产占金融资产比重、广义风险资产占金融资产比重作为被解释变量。由于风险资产配置是一个截断数据（truncated data），我们在第（1）、（2）、（4）、（5）列中使用Tobit模型进行回归；在第（3）、（6）列中，分别使用家庭银行存款和无风险资产占金融资产的比例作为被解释变量，探究过度自信对家庭无风险资产配置的影响。① 结果如表5-3所示。

表5-3　　　　　　　过度自信与风险资产配置（参与深度）

Tobit model	(1)	(2)	(3)	(4)	(5)	(6)
	lstock	lrisky	lsafe	stock_ratio	risky_ratio	safe_ratio
over_confi	1.284 *** (0.284)	1.146 *** (0.238)	0.118 *** (0.025)	0.047 *** (0.011)	0.045 *** (0.010)	-0.052 *** (0.010)

① 由于大多数家庭持有一定规模的无风险资产，这两列使用OLS模型进行回归。

续表

Tobit model	(1)	(2)	(3)	(4)	(5)	(6)
	lstock	lrisky	lsafe	stock_ratio	risky_ratio	safe_ratio
log(real value)	4.513 *** (0.414)	3.832 *** (0.333)	0.444 *** (0.032)	0.174 *** (0.017)	0.167 *** (0.015)	−0.145 *** (0.014)
lincome	1.431 *** (0.328)	1.637 *** (0.283)	0.245 *** (0.014)	0.046 *** (0.012)	0.061 *** (0.012)	−0.081 *** (0.010)
log(production asset)	−0.156 ** (0.075)	−0.133 ** (0.063)	0.056 *** (0.005)	−0.008 ** (0.003)	−0.007 ** (0.003)	−0.008 *** (0.002)
house member	−0.726 *** (0.218)	−0.682 *** (0.178)	−0.054 *** (0.018)	−0.030 *** (0.009)	−0.032 *** (0.008)	0.039 *** (0.007)
raise_ratio	−1.908 * (1.063)	−0.880 (0.832)	0.088 (0.080)	−0.077 * (0.043)	−0.054 (0.038)	0.025 (0.034)
bad health	0.607 (0.589)	0.239 (0.479)	−0.378 *** (0.046)	0.026 (0.024)	0.014 (0.022)	0.023 (0.019)
head age	0.082 *** (0.026)	0.076 *** (0.022)	−0.008 *** (0.002)	0.004 *** (0.001)	0.004 *** (0.001)	0.003 *** (0.001)
marriage	2.901 *** (0.917)	2.460 *** (0.719)	0.672 *** (0.079)	0.112 *** (0.037)	0.103 *** (0.033)	−0.078 *** (0.029)
party	0.248 (0.670)	1.481 *** (0.526)	0.324 *** (0.057)	−0.003 (0.027)	0.061 ** (0.024)	−0.076 *** (0.023)
Constant	−71.587 *** (4.256)	−59.758 *** (3.474)	4.487 *** (0.253)	−2.729 *** (0.170)	−2.579 *** (0.157)	3.026 *** (0.132)
社区虚拟变量	控制	控制	控制	控制	控制	控制
风险态度	控制	控制	控制	控制	控制	控制
户主教育程度	控制	控制	控制	控制	控制	控制
其他控制变量	控制	控制	控制	控制	控制	控制
观测值	15611	15611	15611	15231	15231	15231
R^2	0.0894	0.0790	0.0475	0.161	0.144	0.128

注：括号内为稳健性标准误，* 指 $p < 0.1$，** 指 $p < 0.05$，*** 指 $p < 0.01$。

从前两列的回归结果来看，过度自信指标的回归系数和风险资产规模呈现正向显著的关系，回归系数约为 1.2，该结果说明，过度自信不仅影响家庭参与风险市场的决策，同时也影响其投资风险资产的规模，投资规模随着过度自信的增强而增加，进一步反映出过度自信对风险市场投资决策的作用。此外，过度自信对家庭资产配置的影响可能源于风险偏好的差异。

如果上述论断成立，那么过度自信是否对家庭的无风险资产配置同样存在影响？第（3）列的回归结果显示，自信程度的增强导致家庭增加了无风险资产的配置规模，每单位过度自信指标的增加导致家庭无风险资产持有规模增加约 11.8%，这一系数在 1% 的显著性水平下显著。

综合前 3 列的回归系数，我们发现过度自信导致家庭的风险资产和无风险资产都显著增加，反映了过度自信家庭拥有较高的财富水平（金融资产水平）。为进一步了解其对资产配置结构的影响，在表 5 - 3 后 3 列，我们分别探究过度自信对风险资产和无风险资产占金融资产比例的影响。结果显示，过度自信和风险资产配置比例呈现正相关关系：自信程度越高，家庭金融资产中风险资产的比重越大（系数约为 0.045），与前文假设基本一致；但家庭无风险资产配置占比却随之减少，每单位过度自信指标的增加，无风险资产比例降低约 5%。这一结论说明，虽然过度自信个体的风险资产和无风险资产规模均更高，但是无风险资产的配置比例却减少，体现出风险资产配置的增长速率更高。

总体而言，过度自信导致家庭的风险资产配置规模和比例显著增加，说明过度自信投资者进行家庭资产配置时，偏重于风险资产（规模和比例），并挤出了无风险资产。

5.4.3　内生性问题讨论

表 5 - 2 和表 5 - 3 描述了过度自信和风险资产配置的正向关联，以及风险资产配置可能源于风险偏好的差异，但研究可能存在潜在的内生性问题，如遗漏不可观测的变量（如偏好等），或者存在家庭配置风险资产后影响个人的自我认知等反向因果问题。在本节的分析中，我们使用工具变量来处理

这一问题。

如前文所述，我们使用受访户的外貌和普通话能力作为过度自信的工具变量。在调查过程中，访员被要求在入户调查后对受访户进行评价，对其普通话水平和外貌进行打分评价。在实际操作过程中，我们将受访户的普通话水平和外貌分别分为三类，构造虚拟变量作为式（5-3）和式（5-4）中过度自信指标的工具变量，使用 IV - Probit 和 IV - Tobit 模型进行极大似然估计。

控制变量和前文类似，分别从家庭层面、户主层面、受访者层面控制对应的因素（包括收入、房屋真实价值、生产性资产价值、健康情况、家庭特征、政治身份等）。结果如表5-4所示，第（1）~（5）列的被解释变量分别为是否参与股票市场、广义风险市场、股票资产配置比例、广义风险资产配置比例和无风险资产配置比例。

表5-4 过度自信与资产配置（内生性考虑）

变量	(1)	(2)	(3)	(4)	(5)
	d_stock	d_risky	stock_ratio	risky_ratio	safe_ratio
over_confi	1. 039 ***	1. 058 ***	1. 515 ***	1. 854 ***	- 0. 298 ***
	(0. 053)	(0. 050)	(0. 502)	(0. 586)	(0. 085)
社区虚拟变量	控制	控制	控制	控制	控制
风险态度	控制	控制	控制	控制	控制
户主教育程度	控制	控制	控制	控制	控制
其他控制变量	控制	控制	控制	控制	控制
第一阶段 F 统计量	17. 73	17. 73	17. 60	17. 60	17. 60
观测值	15431	15431	15057	15057	15057

注：括号内为稳健性标准误，* 指 $p<0.1$，** 指 $p<0.05$，*** 指 $p<0.01$。

结果表明第一阶段的弱工具变量检验 F 统计量均达到了17，超过10即说明弱工具变量问题较小。使用工具变量进行 IV - Probit 或 IV - Tobit 模型估计后显示，前文所述结果也基本成立：家庭进行资产配置决策时，过度自信不仅促进家庭参与风险市场，同时引致家庭配置风险资产规模增加，金融资产配置中风险资产的比重也更高，这点在表5-4第（3）、（4）列的回归结果得到了体现。与之对应的，过度自信程度的增加减少了家庭在无风险资产中的配置比例，这也说明了过度自信和自估的风险承担能力间存在显著的关联，并且进一步证实了前文结论。

5.5　稳健性检验

5.5.1　过度自信的不同测量指标

根据前文的构造，过度自信的指标基于受访者自估的资产价值和真实价值的偏差，过度自信指标的可信度很大意义上取决于资产实际价值的准确程度。如果使用不同的估值方法，所获得的过度自信指标可能存在差异。因而，本节尝试使用不同的估值方法计算住房资产实际价值，获得关于过度自信的不同测量指标，并进行稳健性检验。综合考虑后，本节使用两种常见的估算住房实际价值的方法。

第一种方法涉及特征价格模型这一传统的住房估值模型，其估值原理是基于房屋的物理特征（住房面积、房间数量、区位朝向等）、住房所在社区周边环境等因素，分析各个变量对资产价值的影响系数，达到估计住房资产价值的目的。在温莎等（2015）、库兹曼科和蒂明斯（2011）等研究中，均采用了同样的模型。借鉴这一思想，我们使用上述方法来预测住房的真实价值。结合 CHFS 调查问卷所涵盖的住房相关问题，价值决定方程所使用的特征变量包括：房屋产权形式、获得住房的方式、房龄、房屋投资的收益率、周边住房价格、购房价格、房间数量、住房面积、楼层数、距市中心距离等。购房价格这一变量反映了住房的初始特征，很好地捕捉了住房价值决定方程里可能存在的遗漏变量。同时，由于自估价值存在一定的主观成分，住房价值决定方程中同时控制了户主特征（是否有工作、工作岗位、工作职位、健康程度、婚姻状况、年龄、政治面貌、教育程度），家庭特征（抚养比、家庭成员数量等）和受访者特征（是否上过金融课程、是否拥有金融/经济知识、年龄、教育程度等）。基于该模型估算出住房资产的实际价值（$\log(real$

value）（hedonic））替换式（5-3）中的 log(real value) 这一变量，构建出另一过度自信的指标（over_confi（hedonic））。

第二种估计的方法使用社区房价增长率进行计算。虽然同一社区不同住房由于地理位置、朝向、结构等的差异，其价值也有所不同，但假设同一社区的不同住房房价增速基本一致，那么基于购房价格，结合房价增速就能计算现值。由于我国住房市场商品化改革自 1998 年全面开展，我们将分析样本限定到 1999 年及之后年份购房的城镇家庭，使用购房时期的价格计算社区的房价增长率，再基于各个家庭购房期间的价值计算当前的实际价值（real value(anul.gth)），进而获得另一过度自信的指标（over_confi(anul.gth)）。①

在表 5-5，我们展示了该部分的稳健性检验回归结果。第（1）~（5）列的被解释变量分别为股票市场参与、广义风险市场参与、股票资产配置比例、广义风险资产配置比例和无风险资产的配置比例。在面板 A 中，我们展示了基于特征价格模型估算住房实际价值所获取的过度自信指标的回归结果，面板 A-1 和面板 A-2 分别展示了 Probit/Tobit 和 IV-Probit/IV-Tobit 的回归结果；在面板 B，展示了基于住房增长率所计算的过度自信指标，表格结构相同。

表 5-5   稳健性检验（其他过度自信测量指标）

变量	(1)	(2)	(3)	(4)	(5)
	$Y = d\_stock$	$Y = d\_risky$	$Y = stock\_ratio$	$Y = risky\_ratio$	$Y = safe\_ratio$
面板 A-1	Probit	Tobit	Tobit	Tobit	Tobit
over_confi (hedonic)	0.060 *** (0.009)	0.089 *** (0.012)	0.230 *** (0.038)	0.255 *** (0.036)	-0.067 *** (0.011)
log(real value) (hedonic)	0.149 *** (0.012)	0.189 *** (0.014)	0.611 *** (0.049)	0.600 *** (0.045)	-0.144 *** (0.012)
观测值	14145	14145	13814	13814	13814

① 由于各个社区每年成交的住房观测值较少，未覆盖所有社区，因而我们使用样本中在 1999 年、2000 年、2001 年三年成交价均值作为 1999 年的社区房价，2011 年、2012 年、2013 年的成交价均值作为 2013 年的社区房价，据此计算各个社区 1999~2013 年的年均增长率。

IV-Probit 的回归系数变化较大，产生这一结果的可能是工具变量和该方法构造的过度自信指标相关性较弱导致的。

续表

变量	（1）	（2）	（3）	（4）	（5）
	$Y = d\_stock$	$Y = d\_risky$	$Y = tock\_ratio$	$Y = risky\_ratio$	$Y = safe\_ratio$
面板 A－2	IV－Probit	IV－Tobit	IV－Tobit	IV－Tobit	IV－Tobit
over_confi (*hedonic*)	4.972 *** (0.040)	4.977 *** (0.039)	17.186 ** (6.930)	16.213 *** (5.747)	－2.616 *** (0.798)
log(*real value*) (*hedonic*)	0.199 ** (0.086)	0.207 ** (0.082)	0.671 *** (0.169)	0.657 *** (0.159)	－0.150 *** (0.027)
观测值	13980	13980	13655	13655	13655
面板 B－1	Probit	Tobit	Tobit	Tobit	Tobit
over_confi (*anul. gth*)	0.027 *** (0.005)	0.030 *** (0.005)	0.015 *** (0.003)	0.017 *** (0.003)	－0.004 *** (0.001)
log(*real value*) (*anul. gth*)	0.174 *** (0.029)	0.191 *** (0.026)	0.096 *** (0.016)	0.104 *** (0.015)	－0.031 *** (0.004)
观测值	7140	7140	7140	6985	6985
面板 B－2	IV－Probit	IV－Tobit	IV－Tobit	IV－Tobit	IV－Tobit
over_confi(*anul. gth*)	0.039 ** (0.008)	0.047 *** (0.008)	0.133 *** (0.035)	0.135 *** (0.036)	－0.028 *** (0.008)
log(*real value*) (*anul. gth*)	0.121 *** (0.022)	0.145 *** (0.021)	0.419 *** (0.097)	0.428 *** (0.099)	－0.097 *** (0.021)
观测值	7054	7054	6900	6900	6900

注：括号内为稳健性标准误，＊指 $p < 0.1$，＊＊指 $p < 0.05$，＊＊＊指 $p < 0.01$。

　　面板 A 和面板 B 的结果说明了前文分析的稳健性，即便以不同方式测量过度自信，过度自信和家庭资产配置行为间均存在显著的关系：过度自信程度的增加，不仅导致参与股票市场/广义风险市场的概率增加，同时导致家庭的风险资产的配置比重也显著提升，而无风险资产的配置比例却有所降低。这也进一步说明了基准结论的稳健性。

5.5.2 认知能力、金融知识和金融可得性

在前人的研究中，认知能力和金融知识在个人进行投资决策和资产配置中起着重要作用，其主要的逻辑在于投资决策取决于个人对风险的认知和对金融资产/风险的了解。如果过度自信一定程度上反映了个人特征，那么过度自信对资产配置的影响很可能源于个人的认知能力和金融知识。为了解决这一顾虑，我们在模型（5-3）、模型（5-4）的基础上加入认知能力和金融知识的控制变量，观测是否改变过度自信指标对资产配置的影响。

关于认知能力，问卷调查中并没有依照传统文献的方式，从受访者的记忆力、词汇量和数字计算等角度进行测量，但是访员会对受访者的能力进行评价，如评价受访者是否能听懂问卷的问题、是否需要进行详细解释等，使用该类问题能部分捕捉受访者的认知水平。在金融知识方面，我们参考前人文献（尹志超等，2014），根据受访者是否上过金融类的课程、平时是否关注金融/经济信息来描述个人是否有金融知识。在实际操作中，我们加入受访者对上述问题各个选项选择的虚拟变量来进行控制。

在此基础上，尹志超等（2015）的研究同时发现了金融可得性对于家庭的资产配置行为的重要作用：家庭金融可得性越高，参与风险市场的概率越大。其主要的影响渠道在于金融可得性促使家庭更多地投资金融市场，降低家庭的民间借出款比例，促进家庭资产结构的优化。为此，我们需要考虑金融可得性问题对回归结果的影响。在其研究中，使用每个小区所有家庭存款开户银行的家数来衡量金融可得性，其基本的逻辑是小区金融服务越发达，可得性越高；使用小区家庭已经得到的金融服务银行数量，衡量方式也更加微观。我们参考其设定方式，对家庭所能够享受到的银行服务数量进行控制。

表5-6的回归结果展示了稳健性检验的结果，对认知能力、金融知识、金融可得性方面的考虑分别在表5-6的面板A、面板B和面板C进行展示。在面板A的回归结果中，被解释变量分别是股票市场参与、广义风险市场参与、股票资产配置比例、广义风险资产配置比例和无风险资产配置比例。面

板 A－1、面板 A－2 分别使用 Probit/Tobit 和 IV－Probit/IV－Tobit 进行回归，同时在模型（5－3）、模型（5－4）的基础上控制个人的认知能力。在面板 B 和面板 C 的回归中，采用同样的被解释变量和结构，不过控制了个人的金融知识指标和金融可得性指标。

表 5－6　　　　稳健性检验（认知能力、金融知识和金融可得性）

变量	(1)	(2)	(3)	(4)	(5)
	$Y = d\_stock$	$Y = d\_risky$	$Y = stock\_ratio$	$Y = risky\_ratio$	$Y = safe\_ratio$
面板 A－1：认知能力	Probit	Probit	Tobit	Tobit	Tobit
over_confi	0.009 ***	0.012 ***	0.037 ***	0.036 ***	－0.007 ***
	(0.002)	(0.003)	(0.010)	(0.009)	(0.002)
认知能力	控制	控制	控制	控制	控制
观测值	15477	15477	15100	15100	15609
R^2	0.200	0.191	0.196	0.179	
面板 A－2：IV	IV－Probit	IV－Probit	IV－Tobit	IV－Tobit	IV－Tobit
over_confi	0.137 **	0.139 **	0.516 *	0.470	－0.082 *
	(0.060)	(0.064)	(0.288)	(0.292)	(0.043)
面板 B－1：金融知识	Probit	Probit	Tobit	Tobit	Tobit
over_confi	0.008 ***	0.011 ***	0.036 ***	0.035 ***	－0.007 ***
	(0.002)	(0.003)	(0.009)	(0.009)	(0.002)
金融知识	控制	控制	控制	控制	控制
观测值	15609	15609	15229	15229	15229
R^2	0.217	0.208	0.212	0.195	
面板 B－2：IV	IV－Probit	IV－Probit	IV－Tobit	IV－Tobit	IV－Tobit
over_confi	0.190 ***	1.132 ***	0.797 **	0.631 ***	－0.112 ***
	(0.053)	(0.285)	(0.337)	(0.166)	(0.045)
金融知识	控制	控制	控制	控制	控制
观测值	15429	15429	15055	15055	15055

变量	(1)	(2)	(3)	(4)	(5)
	$Y = d\_stock$	$Y = d\_risky$	$Y = stock\_ratio$	$Y = risky\_ratio$	$Y = safe\_ratio$
面板 C-1：金融可得性	Probit	Probit	Tobit	Tobit	Tobit
$over\_confi$	0.060***	0.061***	0.034***	0.033***	-0.007***
	(0.016)	(0.015)	(0.010)	(0.009)	(0.002)
金融可得性	控制	控制	控制	控制	控制
观测值	15611	15611	15231	15231	15231
R^2	0.188	0.180	0.183	0.168	—
面板 C-2：IV	IV-Probit	IV-Probit	IV-Tobit	IV-Tobit	IV-Tobit
$over\_confi$	1.305***	1.227***	0.673***	0.697***	-0.155***
	(0.436)	(0.391)	(0.250)	(0.233)	(0.049)
金融可得性	控制	控制	控制	控制	控制
观测值	15431	15431	15057	15057	15057

注：所有回归模型都已加入前文控制变量，限于篇幅，均未列示。括号内为稳健性标准误，* 指 $p < 0.1$，** 指 $p < 0.05$，*** 指 $p < 0.01$。

回归结果显示，即使考虑了个人的认知能力、金融知识和金融可得性，过度自信对风险市场的参与和风险资产配置的影响同样存在。相比表 5-2、表 5-3、表 5-4 所对应的回归系数，过度自信对资产配置的影响系数大小变化并不明显。同时，在考虑过度自信指标的内生性并进行处理后，各列结果依然显著，这也证明了本章理论结果的稳健性，从而说明虽然现有文献强调了认知能力、金融知识和金融可得性对于家庭资产配置的重要作用，但我们的结论表明，即使考虑了认知能力、金融知识和金融可得性因素，过度自信及随之产生的风险承担能力的误判对家庭的资产配置同样起着重要作用。

5.5.3 样本拆分和信息掌握程度

在调查过程中，并非所有住户对调查问题都能准确回答（包括对家庭住房价值的估计）。为了获得尽可能完整的信息，对于不能/不愿准确回答的问题，调查问卷中加入了该问题的估计区间，访户可在各个区间进行选择，而后期数据处理依据一定的统计原理对这类区间进行拟合，从而得到该问题的估计值，我们分析的住房价值也涉及这一方法。但依据住房价值所计算的过度自信指标包含了拟合时所产生的偏误，而且准确汇报真实价值和汇报区间的访户也存在系统性差异，这可能会导致前文所描述的过度自信和资产配置间的关系是源于住户类型的差异或者拟合偏误。为了处理这类顾虑，我们将样本拆分，剔除掉不愿回答自有住房价值、只回答估计区间的家庭，进而排除数值拟合所产生的偏误问题。表 5 - 7 面板 A 汇报了进行样本拆分后，对基准模型进行回归的结果，在面板 A - 1 和面板 A - 2 分别汇报了边际影响系数和使用工具变量回归后的系数。

结合数据来看，样本中有 8.9% 的住户在回答自有住房价值时选择汇报价值区间而非估计准确价值。表 5 - 7 第 (1)~(5) 列分别使用股票市场参与、广义风险市场参与、股票资产配置比例、广义风险资产配置比例和无风险资产配置比例作为被解释变量，根据回归结果，进行拆分后，前文结论依然稳健，过度自信和风险市场参与程度依然存在显著的正相关关系，而对家庭金融资产结构中的无风险资产存在负向效应，在使用工具变量进行内生性问题处理后，这一结论依然成立。

除此之外，另一问题在于访户对家庭信息的掌握程度影响估计的准确性。由于本章过度自信指标的构建源于对自有住房的估值偏误，而房产价值估计的准确程度取决于访户对家庭信息的了解情况。虽然问卷设计初衷是针对最了解家庭财务状况的人进行调查，但难以避免访员在入户时，为完成任务而选择家庭其他成员进行访问。如果访户对家庭信息不了解，在回答相关问题时较多以区间的方式进行回答，将导致过度自信指标同时含有受访者对家庭信息掌握程度的因素（因为对信息了解不够而出现估值的偏误）。为了解决这一问题，我们使用所有问题的区间应答数量作为控制变量，在回归中用该变量控制受访者对家庭信息的了解程度。如果受访户回答问题时不知道/不愿回答的题目较多，或者较多使用区间估计，说明受访者对家庭信息的掌握程度较差。

回归结果展示在表 5 - 7 的面板 B。根据回归系数可知，在考虑了受访者对家庭信息掌握的程度后，前文所述结论依然成立。

表 5 - 7　　　　　　　　稳健性检验（样本拆分和信息掌握）

变量	(1) $Y = d\_stock$	(2) $Y = d\_risky$	(3) $Y = stock\_ratio$	(4) $Y = risky\_ratio$	(5) $Y = safe\_ratio$
面板 A - 1：样本拆分 边际影响系数	Probit	Probit	Tobit	Tobit	Tobit
over_confi	0.016 *** (0.003)	0.020 *** (0.003)	0.063 *** (0.010)	0.060 *** (0.009)	- 0.012 *** (0.002)
省份虚拟变量	控制	控制	控制	控制	控制
其他控制变量	控制	控制	控制	控制	控制
观测值	11788	11788	11500	11500	11500
R^2	0.181	0.173	0.176	0.160	—
面板 A - 2：IV	IV - Probit	IV - Probit	IV - Tobit	IV - Tobit	IV - Tobit
over_confi	1.045 *** (0.092)	1.117 *** (0.070)	1.157 ** (0.494)	0.594 *** (0.188)	- 0.310 *** (0.104)
面板 B：信息掌握程度 边际影响系数	Probit	Probit	Tobit	Tobit	Tobit
over_confi	0.015 *** (0.003)	0.016 *** (0.002)	0.052 *** (0.009)	0.051 *** (0.008)	- 0.010 *** (0.002)
Total response	0.008 *** (0.001)	0.008 *** (0.001)	0.025 *** (0.004)	0.023 *** (0.004)	- 0.005 *** (0.001)
省份虚拟变量	Yes	Yes	Yes	Yes	Yes
其他控制变量	Yes	Yes	Yes	Yes	Yes
观测值	11788	15611	15231	15231	15231
R^2	0.187	0.177	0.179	0.165	—

注：括号内为稳健性标准误，* 指 $p < 0.1$，** 指 $p < 0.05$，*** 指 $p < 0.01$。

在经过了内生性讨论、稳健性分析后，我们的基本假说得到了证实，过度自信个体在风险市场参与的行为区别于理性投资者，基准结果显示，过度

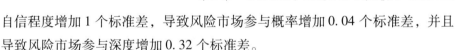

自信程度增加 1 个标准差，导致风险市场参与概率增加 0.04 个标准差，并且导致风险市场参与深度增加 0.32 个标准差。

5.6 进一步讨论

5.6.1 过度自信指标是否合理

通过以上讨论，我们发现，在加入了一系列控制变量，考虑了模型的内生性，进行了一系列的稳健性检验后，本章所述理论依然成立：以估值偏误度量的过度自信影响了家庭对自我风险承担能力的认识，进而影响家庭在风险市场参与、风险资产配置比例、无风险资产配置的决策。上述分析的可靠性依赖于下述问题的准确性：本章构建的过度自信指标在多大程度上是值得可信的？是否和禀赋效应有关联？

本部分首先从变量描述入手，探讨指标并非完全等同于禀赋效应。禀赋效应描述对消费自有商品的评价，可以认为类似于"敝帚自珍"心理，即随着时间的延长，个人对商品（尤其是住房）的各项物理特征已经适应，能够满足个人的偏好。因此，旧房的禀赋效应程度（"敝帚自珍"）应该强于新房。此外，对于只有一套住房的家庭，其禀赋效应相比有多套住房的家庭而言，应更加明显。从这两个角度来看，如果前文构造的指标主要反映的是禀赋效应（"敝帚自珍"），可预期房屋越老、拥有住房更少的家庭，指标越大；而如果实际结果相反，则上述判断不成立，说明前文构造的指标并不等同于禀赋效应（"敝帚自珍"）。

在此基础上，我们首先根据家庭入住时间进行分组，按照早于 1990 年，1991～1995 年，1996～2000 年，2001～2005 年，2006～2010 年，2010 年后入住分为 6 组，对核心指标进行描述。其次，我们根据家庭是否持有两套及以上的住房进行分组，同样对构造指标进行描述，结果见表 5－8。结果显示，家庭住房越新、有两套及以上住房的家庭，构造的指标的均值越大，并且组间差异的 T 统计量在 1% 的显著性水平下高度显著，这为前文指标并非完全反映禀赋效应提供了证据。

表 5 - 8　　　　　　　　进一步讨论（过度自信指标合理性）

变量	入住年份分组						住房数量	
	< 1990 年	1991 ~ 1995 年	1996 ~ 2000 年	2001 ~ 2005 年	2006 ~ 2010 年	> 2010 年	一套	≥两套
over_confi	-0.067	0.025	0.124	0.177	0.183	0.356	0.099	0.253
T 统计量	3.56 ***		2.85 ***		6.32 ***		6.39 ***	
观测值	2423	1726	3099	3226	3482	1527	12873	2869

注：T 统计量用于比较两组过度自信指标差异，用于衡量差异是否明显。* 指 $p < 0.1$，** 指 $p < 0.05$，*** 指 $p < 0.01$。

此外，我们从个人主观预期角度入手增加结论的稳健性。如果过度自信描述了个人的主观态度，那么可推测，过度自信者对诸多事物持有乐观的预期。在普里和罗宾逊（Puri and Robinson，2007）的研究中发现过度乐观一定程度上反映了个人的过度自信。因此，从个人预期和过度自信的关系来判断指标的合理性。

在 CHFS 的调查中，2011 年的数据详细地搜集了个人的主观态度，询问了个人对利率、通胀率和房价等因素的未来预期，受访者在"上升很多、上升一点、几乎不变、降低一点、降低很多"等选项中进行选择，反映出个人的乐观态度。本节以是否选择上升（上升一点或者很多）分别构造了关于利率、通胀和房价的乐观预期虚拟变量，描述过度自信是否导致个人对上述问题的正向预期。同时，我们综合这三类因素，构造了对上述三方面同时持有乐观态度/极度乐观的虚拟变量。由于只有 2011 年的调查涉及这方面数据，本文使用 2011 年的调查数据作为分析样本。为了保证样本的连贯性和分析的可比性，本节进一步将样本限定在 2011 年和 2013 年均受访的城镇家庭。此外，其他所有变量（包括过度自信指标和其他控制变量）都按照前文所述的计算方法进行重新构造。

表 5 - 9 展示了这一分析结果，面板 A 的分析样本是基于 2011 年调查对

象的分析，共有 3900 个左右的观测值符合研究的要求。第（1）~（3）列的被解释变量分别是基于对利率、通胀率和房价未来走势的乐观预期虚拟变量，第（4）列的被解释变量是同时对这三个问题均持有正向预期的极度乐观虚拟变量。面板 B 对应边际影响系数。

表 5 - 9　　　　　　　　进一步讨论（过度自信和正向预期）

变量	（1）	（2）	（3）	（4）
	Probit	Probit	Probit	Probit
面板 A	CHFS 2011；Y = 正向预期			
	Interest rate	CPI	Housing P	ALL
over_confi	0.033 * (0.020)	0.045 ** (0.023)	0.049 ** (0.019)	0.058 *** (0.019)
社区虚拟变量	控制	控制	控制	控制
其他控制变量	控制	控制	控制	控制
观测值	3862	3688	3827	3886
R^2	0.0720	0.0719	0.101	0.0657
面板 B：边际系数				
over_confi	0.033 * (0.020)	0.045 ** (0.023)	0.049 ** (0.019)	0.058 *** (0.019)
社区虚拟变量	控制	控制	控制	控制
其他控制变量	控制	控制	控制	控制
观测值	3862	3688	3827	3886
R^2	0.072	0.072	0.101	0.066

注：括号内为稳健性标准误，* 指 $p < 0.1$，** 指 $p < 0.05$，*** 指 $p < 0.01$。

从回归系数来看，过度自信指标和乐观预期存在显著的正相关关系：在对利率、通胀和房价未来走势的判断上，过度自信指标的增加导致个人产生正向预期的概率增加（对房价的乐观预期系数最大）。不仅如此，第（4）列结果表明，即使根据三个因素构造的极度乐观变量的角度来看，这一关系也依然成立。这在一定程度上证明，我们所构建的过度自信指标，准确反映了个人的心理特征。

至此，本部分讨论了过度自信指标的合理性，并且从乐观预期的角度证明过度自信指标的可信程度，即该指标和乐观预期符合预期关联。

5.6.2　风险偏好、投资多样性和家庭债务

如果过度自信和风险资产投资的正向关系确实成立，那么其重要的决定因素是什么呢？并且对家庭是否存在其他方面的影响？本部分将针对假说 5-2 进行检验。

我们首先检验假说 5-2 的前半部分，讨论过度自信的风险偏好差异和资产配置的多样性。假说 5-1 中描述的过度自信导致更多的风险市场参与，可能的原因是风险偏好程度的差异。前文回归中，我们使用个人对投资项目的选择作为风险态度的代理变量，从而控制其在资产配置行为中的作用。但由于个人对风险和收益的理解有所不同，该变量的合理性仍有争议。而如果风险偏好机制的假说成立，那么个人在面临其他的风险收益选择时——任何风险—收益取舍，均理应观测到过度自信和风险偏好选择的正向关系。

在表 5-10 的前两列对此关系进行描述，我们使用访户都能统一理解的问题进行分析，访户被要求回答在一定获得 4000 元、50% 可能一无所获、50% 可能获得 10000 元的彩票间进行选择。如果过度自信对个体风险市场参与的影响是源于风险偏好的差异，可预期个人在进行选择时，将选择第二个有较高风险同时有较高收益的风险彩票。

第（1）列使用 Probit 模型估计过度自信指标和彩票选择间是否存在显著关系，第（2）列展示了对应的边际效应。回归结果证实了这一猜想，选择风险彩票的概率和过度自信指标间的确存在显著正相关关系，边际影响系数约为 0.8%。由于风险彩票选择反映了个体的风险偏好，结果证实过度自信个体对风险市场的参与可能源于风险偏好的差异。

从投资多样性而言，我们观测家庭的实物资产投资，检验过度自信是否导致更多的投资性购房行为，同时观测过度自信者投资种类的多样性特征。

本章所使用的调查数据提供了非常详细的家庭实物资产信息，尤其是住

房资产的信息；我们使用家庭是否持有超过两套（含）住房定义家庭的住房投资行为。表 5 – 10 第（3）、（4）列汇报了这一回归结果，投资性购房为被解释变量，第（3）列使用 Probit 模型描述过度自信和家庭投资性购房行为的关联，第（4）列使用 IV – Probit 考虑潜在的内生性问题，表格中汇报了边际影响系数。根据回归结果，过度自信和家庭的实物资产投资存在显著正相关关系，随着过度自信程度的增加，购买投资性住房的概率显著增加 1.1%。

在表 5 – 10 第（5）、（6）列，以家庭投资组合中风险资产的种类数进行定义（*diversify*），描述家庭在风险资产的配置多样性。根据回归结果，我们发现我国居民的风险资产多样性和过度自信程度存在显著的正相关关系，[①]随着过度自信程度的增加，风险资产的配置种类越多。这一方面体现了家庭风险分散的意识，另一方面也说明了对风险资产的接受程度更高，愿意接受并配置种类繁多的风险资产。该结论和波尔科夫尼琴科（Polkovnichenko，2005）发现美国家庭股票投资多样性的结果也是一致的。

综合前文结果，过度自信对投资行为的影响很可能是从对自我风险承担能力的认知偏差传导的。本部分结果表明，这一机制不仅对金融资产的配置，同时对实物资产的配置也存在显著的促进作用。结合资产种类的结果，进一步说明过度自信个体的家庭资产——尤其是风险资产，呈现了多样性的特征。

表 5 –10　　　　　　　　　　进一步讨论（风险偏好与投资性多样性）

变量	(1)	(2)	(3)	(4)	(5)	(6)
	Y = 风险彩票选择		Y = 投资性住房		Y = 风险资产多样性	
	Probit	Marginal	Probit	IV – Probit	Tobit	IV – Tobit
Over_confi	0.027 **	0.008 **	0.011 **	0.963 ***	0.140 ***	4.941 ***
	(0.012)	(0.004)	(0.003)	(0.052)	(0.028)	(1.154)
省份虚拟变量	控制	控制	控制	控制	控制	控制
其他控制变量	控制	控制	控制	控制	控制	控制

---

①　值得说明的是，风险资产的种类的结果需要小心对待，在有风险资产的家庭中，大部分（约90%）仅持有 1 种风险资产，仅有 10% 左右的家庭持有 2 种及以上的风险资产。

变量	(1)	(2)	(3)	(4)	(5)	(6)
	$Y=$ 风险彩票选择		$Y=$ 投资性住房		$Y=$ 风险资产多样性	
	Probit	Marginal	Probit	IV – Probit	Tobit	IV – Tobit
观测值	15611	15611	15611	15431	15611	15431
R^2	0.0570	0.057	0.080	—	0.123	—

注：括号内为稳健性标准误，$*$ 指 $p<0.1$，$**$ 指 $p<0.05$，$***$ 指 $p<0.01$。

　　无论是金融资产配置还是实物资产投资，都需要一定的资金进行支持。结合生命周期理论，家庭永久性收入没有显著增加的前提下，增加资产的配置规模可能涉及家庭外部融资，导致外部借贷需求显著增加。由于不同的融资方式存在可得性、成本方面的差异，值得关注的问题在于家庭的融资选择是否存在明显的不同？债务负担是否增加？接下来检验假说5-2的后半部分。

　　为了回答这一问题，本部分从家庭的融资活动进行分析，将家庭的融资行为分为正规金融借贷和非正规金融借贷。前者以是否从银行等正规金融机构获得信贷进行定义，后者以是否从亲朋好友或民间机构借贷进行定义，用于描述融资模式的选择。与此同时，我们计算了家庭分别从正规金融渠道和非正规金融渠道获得的贷款规模，用于描述家庭的融资需求，表5-11汇报了这一回归结果。

　　在表5-11中，第（1）、（2）列分别使用是否有借贷活动（包括正规金融和非正规金融）和借贷规模（正规和非正规贷款规模）来衡量家庭的信贷需求。由于调查所获得的数据是信贷已得到满足的信息，而对于那些有需求但未得到满足的家庭并没有记录，所以本部分分析的是较保守的结果。在第（3）、（4）列中，分别使用是否从正规金融获得信贷和是否从非正规金融获得信贷作为被解释变量，用于描述过度自信对家庭融资选择的偏好差异。在第（5）、（6）列中，分别使用获得正规金融贷款和非正规贷款的规模（作对数处理），用于描述家庭在不同信贷类型下的信贷满足情况。在第（7）列的回归结果中，我们使用了债务总规模占收入比作为被解释变量，衡量家庭债务负担，即债务—收入比越高，家庭债务杠杆越重。面板A汇报了Probit/Tobit 的回归系数，面板 B 汇报了对应的边际影响系数。

表 5 – 11　　　　　　　　进一步讨论（融资选择与家庭债务）

变量	(1)	(2)	(3)	(4)	(5)	(6)	(7)
	Probit	Probit	Probit	Probit	Probit	Probit	Probit
面板 A	Bank/ nonbank loan	loan_amount	bank access	nonbank access	lbank_ amount	lnonbank_ amount	loan_amount/ income
over_confi	0.035 ** (0.015)	0.711 *** (0.181)	0.111 *** (0.018)	− 0.009 (0.014)	1.724 *** (0.279)	0.010 (0.239)	0.620 *** (0.126)
社区虚拟变量	控制	控制	控制	控制	控制	控制	控制
其他控制变量	控制	控制	控制	控制	控制	控制	控制
观测值	15611	15611	15611	15611	15611	15611	15066
R^2	0.0925	0.0364	0.137	0.0924	0.0695	0.0401	0.0397
面板 B： 边际效应							
over_confi	0.012 ** (0.005)	0.711 *** (0.181)	0.026 *** (0.004)	− 0.003 (0.005)	1.724 *** (0.279)	0.010 (0.239)	0.620 *** (0.126)

注：括号内为稳健性标准误，* 指 $p < 0.1$，** 指 $p < 0.05$，*** 指 $p < 0.01$。

结合回归结果，过度自信和家庭的借贷需求间存在正向关系，无论从是否借贷（第（1）列）还是在借贷规模方面（第（2）列），其影响系数都正向显著，即过度自信程度越高，家庭进行借贷的可能性、信贷规模也越大。这一结论和前文住房资产投资的行为也进行了相互印证：过度自信家庭在风险资产和住房资产投资较多，导致家庭有较高的信贷需求，其借贷的行为更明显，借贷的规模也更大。

在第（3）~（6）列，我们将家庭是否有借贷分为是否有正规金融和非正规金融借贷，以及其对应规模，用于描述家庭的融资选择和需求满足情况。根据回归结果，我们发现家庭融资时更偏好正规金融（第（3）列），过度自信程度越高的家庭从正规渠道借贷的概率更大（边际影响系数为 0.03），而对民间金融的参与概率并无显著影响。造成这一差异的原因可从信贷需求的规模进行解释,家庭用于购买实物资产(见表5-10)所需的资金量更大,因而从银行获取贷款更合理。如第(5)、(6)列所示,家庭正规金融信贷和非正规金融信贷规模的影响得以证实,过度自信程度的增加,伴随着家庭正规信贷规模增加,而民间金融规模并无显著变化。

在最后一列,我们同时使用家庭债务和收入的比作为被解释变量,用于描述过度自信是否导致家庭的信贷活动存在过度借贷行为。由于过度自信导致个人风险偏好的差异,个人借贷时错误估计自己的债务承担能力而过度借贷,使得债务杠杆更高,给家庭带来较重的债务负担。从第(7)列的回归结果来看,这一猜想得到了证实:过度自信程度较高的家庭,其家庭债务占收入的比例更高,边际影响系数达到了0.62,意味着过度自信指标增加1个单位,债务负担增加0.62个单位,在1%的显著性水平下高度显著。

至此,假说5-2得到了检验:首先,本节从彩票选择的角度讨论了过度自信的风险偏好差异,过度自信个体在风险彩票选择方面符合预期;其次,我们发现过度自信个体的资产选择方面更加多样化,主要体现在实物资产投资和资产种类多样性配置两方面;最后,研究发现资产投资多样性,尤其是房地产投资,给家庭带来了较多的债务负担,这主要体现在过度自信家庭的债务收入比更高。

5.6.3 过度自信和投资策略

目前为止,研究发现过度自信通过影响个人的风险态度,对家庭的风险市场参与和资产规模有显著的促进作用,同时对家庭的负债行为也存在显著影响。这一结论通过一系列的稳健性检验和内生性处理后依然成立。如果过度自信从心理层面映射到个人的行为,那么对风险资产的投资策略是否有相应的影响?交易行为是否合理?本部分主要针对假说5-3进行检验。

我们从家庭投资组合中资产的风险分散程度和交易频率(结合股票收益情况)进行描述。股票的风险分散程度以家庭所持有股票只数和单只股票的投资金额对数进行定义($lstk\_number$, $linput$),衡量了个人在投资时风险的分散程度；即股票只数越多，资产组合越分散，风险也越小。同时，使用每月的股票交易频次（*freq*）衡量交易行为的理性程度，交易频次越高（如果并未随之产生更高收益），交易行为越不理性（Barber and Odean，2001）。

表 5 - 12 汇报了这一结果，前 3 列分别使用股票分散性、单只股票投资规模和交易频率作为被解释变量，[①] 并使用 Tobit 模型进行回归，而后 3 列使用工具变量进行 IV - Tobit 回归。对股票只数的回归结果显示，过度自信程度越高，家庭的风险控制意识越好，对股票风险进行了合理的分散。但从单只股票的投资额度来看，投资额度却更加集中，平均在每只股票的投资金额显著越高。另外，根据对交易频次的回归结果，股票交易的次数和过度自信程度显著正相关，过度自信程度越高，交易越频繁，但对风险资产收益进行回归后，并未发现这类家庭从频繁交易中获利，股票收益也并未显著更高，从而表现出我国家庭投资行为中的非理性行为。综合以上结果，我们可以发现，过度自信与个人/家庭的投资决策和行为是息息相关的，这也说明了我国家庭的风险资产交易行为和心理层面的因素存在紧密的联系。

表 5 - 12　　　　进一步讨论（过度自信与风险资产投资/交易策略）

变量	(1)	(2)	(3)	(4)	(5)	(6)
	Tobit			IV - Tobit		
	lstk_number	*linput*	*freq*	*lstk_number*	*linput*	*freq*
bias_ratio	0. 166 *** (0. 042)	0. 151 *** (0. 050)	1. 243 *** (0. 272)	4. 674 *** (1. 150)	2. 013 *** (0. 622)	42. 402 *** (9. 843)
log(*real value*)	0. 661 *** (0. 066)	0. 562 *** (0. 141)	4. 275 *** (0. 394)	1. 846 *** (0. 334)	1. 031 *** (0. 185)	15. 583 *** (2. 840)
社区虚拟变量	控制	控制	控制	控制	控制	控制
其他控制变量	控制	控制	控制	控制	控制	控制

---

① 使用同样的模型设定，我们同时分析了对股票收益率的影响，使用炒股以来的盈亏情况测量，限于篇幅，结果并未进行汇报。

变量	(1)	(2)	(3)	(4)	(5)	(6)
	Tobit			IV – Tobit		
	lstk_number	*linput*	*freq*	*lstk_number*	*linput*	*freq*
观测值	15611	15611	15611	15431	15431	15431
R^2	0.129	0.105	0.0882	—	—	—

注：括号内为稳健性标准误，* 指 $p < 0.1$，** 指 $p < 0.05$，*** 指 $p < 0.01$。

5.7　本章小结

通常而言，过度自信个体常表现出自评能力高于平均、估值区间狭窄、事务控制幻觉、成功自我归因、过度乐观等现象。在我国金融市场有待进一步完善，上市公司信息披露有待进一步加强透明的背景下，过度自信投资者对于市场信息的过度反应可能导致其投资行为明显区别于理性投资者。

本章从过度自信对风险市场参与的影响、潜在传导机制、对投资策略的作用等角度提出了三个待检验的经验假说。研究结果表明，在我国的金融市场环境下，过度自信的居民参与风险市场的概率更高，且家庭的资产结构也更偏向于风险资产，无风险资产比重相应减少。进一步的，我们认为个体的风险偏好差异是过度自信者区别于理性投资者的重要原因。风险偏好差异会导致家庭在进行风险投资时保持资产种类的多样性，同时，在家庭收入短期内不能显著增加的前提下，提高家庭债务规模，增大债务占收入的比重。最后，我们发现过度自信个体的投资策略也区别于理性投资者，由于过度自信者对市场信息的反应更加敏感，即便基于较少的市场信息，即便信息不正确，也可能采取积极行动。

基于中国家庭金融调查（CHFS）2011 年、2013 年的微观调查数据，本章首先基于个体自估价值的偏误测度了个体的过度自信程度，并经过处理内生性问题、多种模型稳健性检验后，提出的经验假说得到了证明。实证结果发现，过度自信程度每增加 1 个单位，将导致风险市场参与概率增加约

1.3%；过度自信程度增加 1 个标准差，导致风险市场参与深度增加 0.32 个标准差。此外，本章研究结果说明了我国家庭的金融投资决策和个体的心理偏误息息相关。本章基于个体的未来预期和风险偏好，发现过度自信和风险资产的选择是源于个体的风险偏好差异，且是导致过度自信个体与理性个体在风险资产配置中不同的重要原因。进一步研究发现，这一差异导致家庭的资产配置呈现更多的多样性，不仅在投资性房产的概率更高（影响系数为1.1%），在风险资产的种类方面也更多。同时，我们也发现在家庭收入没有显著增加的前提下，过度自信个体的风险投资行为影响了家庭的融资决策，不仅更偏好正规金融融资，也产生了更多的家庭债务（债务规模、债务收入比）。最后，本章分析了投资者的投资策略，发现过度自信家庭的投资策略也更加非理性，在同一只股票上投资规模更大，有更高的交易频率却并未带来相应的风险收益，体现出过度自信投资者对信息的过度敏感。

本章从个人心理层面描述了过度自信对我国居民风险市场参与的影响。已有研究从多角度解释了我国股票市场有限参与的问题，并提出了有一定指导意义的政策建议。本章基于行为金融理论，探究了影响金融市场参与的深层次原因，不仅从新的角度解释我国居民的风险资产配置行为，也丰富了关于发展中国家居民投资行为特点的研究，为进一步推动我国完善金融市场，建立有序、透明的金融环境提供微观基础。

第6章

结论性述评与研究展望

6.1 研究总结及述评

本书主要分析了在"财富幻觉"理论下，我国城镇家庭估值偏误面临的家庭经济各个方面的问题和原因。本书主要从房价估值偏误对家庭杠杆率、家庭消费和家庭风险市场参与三个角度入手探讨了基于非理性特征的估值偏误对实际家庭经济行为的影响。我国城镇家庭存在的估值偏误对家庭各种经济决策产生了一定程度的影响，不仅表现在家庭流动资金结构的相应调整，还表现在家庭消费规模的扩大，并进一步影响了城镇居民在对待金融风险市场的态度，增加了居民参与风险市场的概率。

首先，本书第3章证明了在生命周期理论的框架下，我国城镇居民存在明显的估值偏误特征，对自有房产的估值偏误促使城镇家庭调整家庭杠杆率。通过构建一个包含估值偏误与住房价值等因素的家庭杠杆模型，我们发现房价估值偏误对家庭杠杆存在显著的正向影响，而且家庭资产流动性会随着房价估值偏误的增加而减弱。在此基础上，我们进行了内生性处理和稳健性检验，进一步证实了这一观点。根据实证结果，房价估值偏误程度每增加10%，以负债收入比衡量的家庭杠杆率增加0.68%，或房价估值偏误增加一个标准单位导致家庭债务收入比增加23.68%。同时，实证结果表明，无论城市规模大小，估值偏误对债务水平的影响都是广泛存在的，没有抵押贷款的家庭也表现出房价估值偏误的显著相关性，此外，无论住房使用权如何，房价估值偏误对家庭杠杆率都有显著影响。

关于家庭杠杆率的研究，有部分学者认为收入不平等及其分配对家庭杠杆率存在一定的影响，贷款方往往以收入作为衡量偿债能力的一个关键性指标，因而收入不平等决定了贷款结构的不同（Rajan，2010；Atkinson and Morelli，2010；Kumhof，2015；Coibion et al.，2016；Bazillier et al.，2019）。还有一些学者将经济波动与家庭杠杆率联系起来，认为经济的高涨与衰退会导致家庭杠杆率出现不同的变化（Fisher，1933；King，1994；Glick and Lansing，2010；Mian and Sufi，2010）。本书第 3 章从家庭估值偏误的角度入手，讨论其对家庭最优资产组合的判断偏误，我们发现估值偏误是对家庭杠杆率产生影响的另一重要因素，丰富了家庭杠杆率相关的研究，同时也为家庭金融结构的健康发展提供了政策启示。

其次，本书第 4 章探讨了在生命周期理论下，我国城镇居民房价估值偏误对家庭消费决策的影响。通过建立基于消费的回归模型，我们发现房价估值偏误对家庭消费存在显著的正向影响，同时，研究发现估值偏误主要是通过缓解家庭流动性约束这一渠道，带来了家庭消费的增加。在此基础上，我们进行了内生性处理和稳健性检验，检验结果再次证实了我们的结论。房产在中国城市居民的财富中占有较大的比重，在我国金融市场与消费信贷体系发展不完善、资产信息发布渠道不完整的情况下，居民容易对自有房屋价值产生错误判断，从而影响消费、债务、储蓄等。根据实证结果，可以估计出估值偏误对居民消费影响的具体规模，我们发现估值偏误每增加 10%，家庭消费水平增加约 1.4%，我们发现了已有研究所描述的"财富效应"实际包含了资本实际价值所产生的"资产效应"和由估值偏误产生的"财富幻觉"，从宏观角度来看，这可能降低了市场效率。

中国居民消费失衡问题一直未得到有效解决，学术界对此方面的研究非常丰富，不少学者探讨了中国居民消费的影响因素，对此有几种比较主流的观点。一些学者认为预防性储蓄是导致中国居民消费失衡的一个重要因素，即没有得到有效社会保障和保险覆盖的家庭更倾向于进行预防性储蓄（宋铮，1999；施建淮和朱海婷，2004；易行健等，2008；杨汝岱和陈斌开，

2009）。虽然在过去的十几年里，中国的各类社会保障制度得到改善，但中国的居民消费却并没有得到有效的提升；还有一种解释基于收入差距的角度，发现高收入人群的高储蓄倾向决定了储蓄部门的特征（陈斌开，2012；甘犁等，2018）；另一种解释尝试从住房资产解释居民消费失衡，以房价切入的研究结果认为房价变化对居民消费的"资产效应"很小，且不存在"财富效应"（陈斌开，2014；万晓莉等，2017）。李江一（2017）从购房动机和住房贷款方向取得了新的进展，而本书也从住房估值偏误的角度，证实了"财富幻觉"对居民消费的实质性影响，进一步丰富了住房市场与居民消费之间的研究，也为中国居民消费的研究提供了新的思路。

最后，在本书第5章，我们从另一个角度去探讨了居民的估值偏误行为，估值偏误不但反映了家庭存在的"禀赋效应"，同时也反映了家庭决策者的"过度自信"，由"过度自信"所导致的估值偏误体现了家庭投资者对已有信息的过度反应，因而这种心理偏向可能还会影响家庭的风险参与。在研究中，我们采用滞后项回归、固定效应模型和两阶段最小二乘法，设计了过度自信与金融市场风险参与的实证分析框架。研究结果表明，在我国的金融市场环境下，过度自信的家庭更偏向于参与风险市场，同时家庭的资产结构也更偏向于风险资产。实证结果显示，过度自信程度每增加一个单位，将导致风险参与概率增加1.3%，经过内生性处理和稳健性检验后结果依旧稳健。通过进一步分析，我们发现，风险偏好是过度自信者区别于理性投资者的重要原因，过度自信者的风险偏好可能给家庭带来更多的负担，并产生差异性的投资策略。从文献来看，已有的研究从多角度解释了我国股票市场的有限参与问题，本书基于行为金融理论，从新的角度探究了影响金融市场的深层次原因，丰富了关于发展中国家居民投资行为特点的研究，为进一步推动我国完善金融市场，建立有序、透明的金融环境提供微观基础。

6.2 未来展望

本书的研究关注了由禀赋效应所引致的估值偏误对家庭产生的多方面问

题。与传统关注房价的研究有所区别的是，我们构建了一个全新的房价估值偏误指标，并以此为基础，进行了家庭金融领域多个方向的探究，在生命周期理论的框架下，财富幻觉、过度自信的测量从理论概念转化成了微观指标，这有助于我们从微观层面理解估值偏误所带来的各种对实体经济的影响。后续的研究可以从多个方向延续这一研究思路。

首先，从测量准确性来看，由于缺乏对房屋进行准确测量的第三方评估，本书不得不用其他替代方法来估算住房的真实价值。虽然我们采用了多种方法保证结果的稳健性，但使用更加客观的测量和评估指标，对提升研究结论的可信性有重要的意义。后续的研究可以从构造更加科学或更具代表性的微观指标，或构建更全面的房地产价格信息库等角度检验结果的稳健性。构建完善的住房价值评估体系，不仅可以全面评价估值偏误的微观影响，同时对房地产市场的信息传递、提升资产信息的透明度有重要的作用。

其次，我们在研究住房估值偏误时，关注了估值偏误所产生的财富幻觉和过度自信，并发现了对家庭的杠杆、家庭消费和家庭风险市场参与等多个方面的影响，但心理层面的认知偏差对家庭活动的影响可能是全面的，后续的研究可以深入关注住房估值偏误对家庭其他经济活动的影响，以期系统地评价估值偏误的作用。

最后，本书的研究主要基于中国家庭金融调查的微观数据，由于数据的限制，我们未能构造全面的面板数据以消除可能的固定特征，虽然我们基于两期的短面板数据进行了一定程度的改善，但由于连续追踪的个体数量较少，存在一定的样本自选择问题，对结果的可信性也形成了一定的挑战。同时，限于数据的一致性以及社区信息的安全性，我们未能使用后续年份的数据呈现近期的相关结果，但在个体估值偏误一定程度上是固定的情况下，本书的结论有一定的持续性。进一步的，限于数据的原因，我们在研究中也未能从时间维度探索估值偏误的动态变化，随着房地产市场的发展和个人信息获取能力的提升，估值偏误对家庭行为的影响可能也会随着时间的变化而改变。因而，使用更全面的数据评价估值偏误的影响，从横向经济特征和纵向时间维度的角度进行丰富和扩展，是未来潜在的研究方向。

部分参考文献

[1] 陈斌开:《收入分配与中国居民消费——理论和基于中国的实证研究》,载《南开经济研究》2012 年第 1 期。

[2] 陈斌开、李涛:《中国城镇居民家庭资产—负债现状与成因研究》,载《经济研究》2011 年第 S1 期。

[3] 陈日清:《投资者过度自信行为与中国 A 股波动性》,载《投资研究》2014 年第 2 期。

[4] 陈彦斌、邱哲圣:《高房价如何影响居民储蓄率和财产不平等》,载《经济研究》2011 年第 10 期。

[5] 杜莉、沈建光、潘春阳:《房价上升对城镇居民平均消费倾向的影响——基于上海市入户调查数据的实证研究》,载《金融研究》2013 年第 3 期。

[6] 甘犁、赵乃宝、孙永智:《收入不平等、流动性约束与中国家庭储蓄率》,载《经济研究》2018 年第 12 期。

[7] 郭士祺、梁平汉:《社会互动、信息渠道与家庭股市参与——基于 2011 年中国家庭金融调查的实证研究》,载《经济研究》2014 年第 S1 期。

[8] 郝颖、刘星、林朝南:《我国上市公司高管人员过度自信与投资决策的实证研究》,载《中国管理科学》2005 年第 5 期。

[9] 黄静、屠梅曾:《房地产财富与消费:来自于家庭微观调查数据的证据》,载《管理世界》2009 年第 7 期。

[10] 姜付秀、张敏、陆正飞等:《管理者过度自信、企业扩张与财务困境》,载《经济研究》2009 年第 1 期。

[11] 李广子、唐国正、刘力:《股票名称与股票价格非理性联动——中国 A 股市场的研究》,载《管理世界》2011 年第 1 期。

［12］李江一：《"房奴效应"导致居民消费低迷了吗?》，载《经济学（季刊)》2018 年第 1 期。

［13］李树、于文超：《幸福的社会网络效应——基于中国居民消费的经验研究》，载《经济研究》2020 年第 6 期。

［14］李涛、陈斌开：《家庭固定资产、财富效应与居民消费：来自中国城镇家庭的经验证据》，载《经济研究》2014 年第 3 期。

［15］李涛、徐翔、张旭妍：《孤独与消费——来自中国老年人保健消费的经验发现》，载《经济研究》2018 年第 1 期。

［16］李婉丽、谢桂林、郝佳蕴：《管理者过度自信对企业过度投资影响的实证研究》，载《山西财经大学学报》2014 年第 10 期。

［17］李湛、阳建辉：《情绪溢价、禀赋效应与分析师市场声誉动态评估》，载《经济评论》2019 年第 6 期。

［18］骆祚炎：《城镇居民金融资产与不动产财富效应的比较分析》，载《数量经济技术经济研究》2007 年第 11 期。

［19］孟涓涓、赵龙凯、刘玉珍等：《社会性学习、从众心理和股市参与决策》，载《金融研究》2013 年第 7 期。

［20］孟祥轶、杨大勇、于婧：《中国城市炫耀性消费的特征及决定因素——基于北京市家庭数据的实证分析》，载《经济研究》2010 年第 S1 期。

［21］孟亦佳：《认知能力与家庭资产选择》，载《经济研究》2014 年第 S1 期。

［22］潘敏、刘知琪：《居民家庭"加杠杆"能促进消费吗? ——来自中国家庭微观调查的经验证据》，载《金融研究》2018 年第 4 期。

［23］沈晓栋、赵卫亚：《我国城镇居民消费与收入的动态关系——基于非参数回归模型的实证分析》，载《经济科学》2005 年第 1 期。

［24］施建淮、朱海婷：《中国城市居民预防性储蓄及预防性动机强度：1999—2003》，载《经济研究》2004 年第 10 期。

［25］宋勃：《房地产市场财富效应的理论分析和中国经验的实证检验：1998—2006》，载《经济科学》2007 年第 5 期。

［26］宋全云、吴雨、尹志超：《金融知识视角下的家庭信贷行为研究》，

载《金融研究》2017 年第 6 期。

[27] 宋铮：《中国居民储蓄行为研究》，载《金融研究》1999 年第 6 期。

[28] 万晓莉、严予若、方芳：《房价变化、房屋资产与中国居民消费——基于总体和调研数据的证据》，载《经济学（季刊）》2017 年第 2 期。

[29] 王山慧、王宗军、田原：《管理者过度自信与企业技术创新投入关系研究》，载《科研管理》2013 年第 5 期。

[30] 吴卫星、汪勇祥、梁衡义：《过度自信、有限参与和资产价格泡沫》，载《经济研究》2006 年第 4 期。

[31] 谢洁玉、吴斌珍、李宏彬等：《中国城市房价与居民消费》，载《金融研究》2012 年第 6 期。

[32] 颜色、朱国钟：《"房奴效应"还是"财富效应"？——房价上涨对国民消费影响的一个理论分析》，载《管理世界》2013 年第 3 期。

[33] 杨汝岱、陈斌开：《高等教育改革、预防性储蓄与居民消费行为》，载《经济研究》2009 年第 8 期。

[34] 杨赞、张欢、赵丽清：《中国住房的双重属性：消费和投资的视角》，载《经济研究》2014 年第 S1 期。

[35] 叶德珠、连玉君、黄有光等：《消费文化、认知偏差与消费行为偏差》，载《经济研究》2012 年第 2 期。

[36] 易行健、王俊海、易君健：《预防性储蓄动机强度的时序变化与地区差异——基于中国农村居民的实证研究》，载《经济研究》2008 年第 2 期。

[37] 尹志超、仇化、潘学峰：《住房财富对中国城镇家庭消费的影响》，载《金融研究》2021 年第 2 期。

[38] 尹志超、宋全云、吴雨：《金融知识、投资经验与家庭资产选择》，载《经济研究》2014 年第 4 期。

[39] 尹志超、吴雨、甘犁：《金融可得性、金融市场参与和家庭资产选择》，载《经济研究》2015 年第 3 期。

[40] 余明桂、李文贵、潘红波：《管理者过度自信与企业风险承担》，载《金融研究》2013 年第 1 期。

[41] 余明桂、夏新平、邹振松：《管理者过度自信与企业激进负债行

为》，载《管理世界》2006 年第 8 期。

[42] 余永定、李军：《中国居民消费函数的理论与验证》，载《中国社会科学》2000 年第 1 期。

[43] 张大永、曹红：《家庭财富与消费：基于微观调查数据的分析》，载《经济研究》2012 年第 S1 期。

[44] 张浩、易行健、周聪：《房产价值变动、城镇居民消费与财富效应异质性——来自微观家庭调查数据的分析》，载《金融研究》2017 年第 8 期。

[45] 赵静梅、吴风云：《数字崇拜下的金融资产价格异象》，载《经济研究》2009 年第 6 期。

[46] 周铭山、孙磊、刘玉珍：《社会互动、相对财富关注及股市参与》，载《金融研究》2011 年第 2 期。

[47] 朱光伟、杜在超、张林：《关系、股市参与和股市回报》，载《经济研究》2014 年第 11 期。

[48] Adam, T. R., Fernando, C. S., Golubeva, E.. Managerial Overconfidence and Corporate Risk Management. *Journal of Banking and Finance*, Vol. 60, 2015, pp. 195 – 208.

[49] Adebambo, B. N., Yan, X.. Investor Overconfidence, Firm Valuation, and Corporate Decisions. *Management Science*, Vol. 64, No. 11, 2018, pp. 5349 – 5369.

[50] Adelino, M., Schoar, A., Severino, F.. The Role of Housing and Mortgage Markets in the Financial Crisis. *Annual Review of Financial Economics*, Vol. 10, 2018, pp. 25 – 41.

[51] Agarwal, S., Mazumder, B.. Cognitive Abilities and Household Financial Decision Making. *American Economic Journal: Applied Economics*, Vol. 5, No. 1, 2013, pp. 193 – 207.

[52] Agarwal, S.. The Impact of Homeowners' Housing Wealth Misestimation on Consumption and Saving Decisions. *Real Estate Economics*, Vol. 35, No. 2, 2007, pp. 135 – 154.

[53] Aladangady, A.. Housing Wealth and Consumption: Evidence from

Geographically-linked Microdata. *American Economic Review*, Vol. 107, No. 11, 2017, pp. 3415 – 3446.

[54] Andersson, O. , Holm, H. J. , Tyran, J. R. , et al. Risk Aversion Relates to Cognitive Ability: Preferences or Noise? *Journal of the European Economic Association*, Vol. 14, No. 5, 2016, pp. 1129 – 1154.

[55] Ando, A. , Modigliani, F. . The "life cycle" Hypothesis of Saving: Aggregate Implications and Tests. *The American Economic Review*, Vol. 53, No. 1, 1963, pp. 55 – 84.

[56] Atkinson, A. B. , Morelli, S. . Inequality and Banking Crises: A First Look. In European Labour Forum in Turin organised by the International Training centre of the International Labour Organization (ILO), 2010.

[57] Attanasio, O. P. , Blow, L. , Hamilton, R. , et al. Booms and Busts: Consumption, House Prices and Expectations. *Economica*, Vol. 76, No. 301, 2009, pp. 20 – 50.

[58] Bagchi, S. . Can Overconfidence Explain the Consumption Hump? *Journal of Economics and Finance*, Vol. 35, No. 1, 2011, pp. 41 – 70.

[59] Bagwell, L. S. , Bernheim, B. D. . Veblen Effects in a Theory of Conspicuous Consumption. *The American Economic Review*, 1996, pp. 349 – 373.

[60] Barber, B. M. , Odean, T. . Boys Will Be Boys: Gender, Overconfidence, and Common Stock Investment. *The Quarterly Journal of Economics*, Vol. 116, No. 1, 2001, pp. 261 – 292.

[61] Bazillier, R. , Héricourt, J. , Ligonnière, S. . Structure of Income Inequality and Household Leverage: Theory and Cross-country Evidence. *European Economic Review*, Vol. 132, 2019, pp. 23.

[62] Bengtsson, C. , Persson, M. , Willenhag, P. . Gender and Overconfidence. *Economics letters*, Vol. 86, No. 2, 2005, pp. 199 – 203.

[63] Benítez – Silva, H. , Eren, S. , Heiland, F. , et al. How Well Do Individuals Predict the Selling Prices of Their Homes? *Journal of Housing Economics*, Vol. 29, 2015, pp. 12 – 25.

［64］ Bloch, F. , Rao, V. , Desai, S. . Wedding Celebrations as Conspicuous Consumption Signaling Social Status in Rural India. *Journal of Human Resources*, Vol. 39, No. 3, 2004, pp. 675 – 695.

［65］ Bostic, R. , Gabriel, S. , Painter, G. . Housing Wealth, Financial Wealth, and Consumption: New Evidence from Micro Data. *Regional Science and Urban Economics*, Vol. 39, No. 1, 2009, pp. 79 – 89.

［66］ Branson, W. H. , Klevorick, A. K. . Money Illusion and the Aggregate Consumption Function. *The American Economic Review*, Vol. 59, No. 5, 1969, pp. 832 – 849.

［67］ Breuer, W. , Riesener, M. , Salzmann, A. J. . Risk Aversion vs. Individualism: What Drives Risk Taking in Household Finance? *The European Journal of Finance*, Vol. 20, No. 5, 2014, pp. 446 – 462.

［68］ Bruine de Bruin, W. , Parker, A. M. , Fischhoff, B. . Explaining Adult Age Differences in Decision-making Competence. *Journal of Behavioral Decision Making*, Vol. 25, No. 4, 2012, pp. 352 – 360.

［69］ Brunnermeier, M. K. , Julliard, C. . Money Illusion and Housing Frenzies. *The Review of Financial Studies*, Vol. 21, No. 1, 2008, pp. 135 – 180.

［70］ Butler, J. S. , Burkhauser, R. V. , Mitchell, J. M. , et al. Measurement Error in Self-reported Health Variables. *The Review of Economics and Statistics*, 1987, pp. 644 – 650.

［71］ Caliendo, F. , Huang, K. X. . Overconfidence and Consumption over the Life Cycle. *Journal of Macroeconomics*, Vol. 30, No. 4, 2008, pp. 1347 – 1369.

［72］ Camerer, C. , Lovallo, D. . Overconfidence and Excess Entry: An Experimental Approach. *American Economic Review*, Vol. 89, No. 1, 1999, pp. 306 – 318.

［73］ Campbell, J. , Deaton, A. . Why Is Consumption So Smooth? *The Review of Economic Studies*, Vol. 56, No. 3, 1989, pp. 357 – 373.

［74］ Campbell, J. Y. , Cocco, J. F. . How Do House Prices Affect Con-

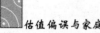
sumption? Evidence from Micro Data. *Journal of Monetary Economics*, Vol. 54, No. 3, 2007, pp. 591 – 621.

[75] Campbell, J. Y.. Consumption-based Asset Pricing. *Handbook of the Economics of Finance*, Vol. 1, 2003, pp. 803 – 887.

[76] Case, K. E., Quigley, J. M., Shiller, R. J.. Comparing Wealth Effects: the Stock Market versus the Housing Market. *Advances in Macroeconomics*, Vol. 5, No. 1, 2005.

[77] Chao, C. C., Laffargue, J. P., Yu, E.. The Chinese Saving Puzzle and the Life-cycle Hypothesis: A Revaluation. *China Economic Review*, Vol. 22, No. 1, 2011, pp. 108 – 120.

[78] Charles, K. K., Hurst, E., Roussanov, N.. Conspicuous Consumption and Race. *The Quarterly Journal of Economics*, Vol. 124, No. 2, 2009, pp. 425 – 467.

[79] Chen, J., Hardin III, W., Hu, M.. Housing, Wealth, Income and Consumption: China and Homeownership Heterogeneity. *Real Estate Economics*, Vol. 48, No. 2, 2020, pp. 373 – 405.

[80] Chinloy, P. T.. Hedonic Price and Depreciation Indexes for Residential Housing: a Longitudinal Approach. *Journal of Urban Economics*, Vol. 4, No. 4, 1977, pp. 469 – 482.

[81] Christelis, D., Jappelli, T., Padula, M.. Cognitive Abilities and Portfolio Choice. *European Economic Review*, Vol. 54, No. 1, 2010, pp. 18 – 38.

[82] Chuang, W. I., Susmel, R.. Who Is the More Overconfident Trader? Individual vs. Institutional Investors. *Journal of Banking and Finance*, Vol. 35, No. 7, 2011, pp. 1626 – 1644.

[83] Clemen, R. T., Reilly, T.. Correlations and Copulas for Decision and Risk Analysis. *Management Science*, Vol. 45, No. 2, 1999, pp. 208 – 224.

[84] Cocco, J. F., Gomes, F. J., Maenhout, P. J.. Consumption and Portfolio Choice over the Life Cycle. *The Review of Financial Studies*, Vol. 18, No. 2, 2005, pp. 491 – 533.

［85］Cohen, R. B. , Polk, C. , Vuolteenaho, T. . Money Illusion in the Stock Market: The Modigliani – Cohn Hypothesis. *The Quarterly Journal of Economics*, Vol. 120, No. 2, 2005, pp. 639 – 668.

［86］Cole, S. , Paulson, A. , Shastry, G. K. . Smart Money? The Effect of Education on Financial Outcomes. *The Review of Financial Studies*, Vol. 27, No. 7, 2014, pp. 2022 – 2051.

［87］Cull, R. , Gan, L. , Gao, N. , et al. Dual Credit Markets and Household Usage to Finance: Evidence from a Representative Chinese Household Survey. *Oxford Bulletin of Economics and Statistics*, Vol. 81, No. 6, 2019, pp. 1280 – 1317.

［88］Cull, R. , Gan, L. , Gao, N. , et al. Social Capital, Finance, and Consumption: Evidence from a Representative Sample of Chinese Households. World Bank Policy Research Working Paper, No. 7873, 2016.

［89］Dahlbom, L. , Jakobsson, A. , Jakobsson, N. , et al. Gender and Overconfidence: Are Girls Really Overconfident? *Applied Economics Letters*, Vol. 18, No. 4, 2022, pp. 325 – 327.

［90］Daniel, K. , Hirshleifer, D. . Overconfident Investors, Predictable Returns, and Excessive Trading. *Journal of Economic Perspectives*, Vol. 29, No. 4, 2015, pp. 61 – 88.

［91］Davis, M. A. , Quintin, E. . Default When Current House Prices Are Uncertain. SSRN Working paper, No. 2519994, 2014.

［92］De Roiste, M. , Fasianos, A. , Kirkby, R. , et al. Are Housing Wealth Effects Asymmetric in Booms and Busts? *The Journal of Real Estate Finance and Economics*, Vol. 62, No. 4, 2021, pp. 578 – 628.

［93］DeFusco, A. A. , Johnson, S. , Mondragon, J. . Regulating Household Leverage. *The Review of Economic Studies*, Vol. 87, No. 2, 2020, pp. 914 – 958.

［94］Diaz III, J. , Wolverton, M. L. . A Longitudinal Examination of the Appraisal Smoothing Hypothesis. *Real Estate Economics*, Vol. 26, No. 2, 1998, pp. 349 – 358.

[95] Dimmock, S. G. , Kouwenberg, R. , Mitchell, O. S. , et al. Ambiguity Aversion and Household Portfolio Choice Puzzles: Empirical Evidence. *Journal of Financial Economics*, Vol. 119, No. 3, 2016, pp. 559 – 577.

[96] Dohmen, T. , Falk, A. , Huffman, D. , et al. Are Risk Aversion and Impatience Related to Cognitive Ability? *American Economic Review*, Vol. 100, No. 3, 2010, pp. 1238 – 1260.

[97] Dong, Z. , Hui, E. C. , Jia, S.. How Does Housing Price Affect Consumption in China: Wealth Effect or Substitution Effect? *Cities*, Vol. 64, 2014, pp. 1 – 8.

[98] Ezekiel, M.. Statistical Investigations of Saving, Consumption, and Investment. *The American Economic Review*, Vol. 32, No. 2, 1942, pp. 272 – 307.

[99] Fan, Y. , Yavas, A.. How Does Mortgage Debt Affect Household Consumption? Micro Evidence from China. *Real Estate Economics*, Vol. 48, No. 1, 2020, pp. 43 – 88.

[100] Fang, H. , Gu, Q. , Xiong, W. , et al. Demystifying the Chinese Housing Boom. *NBER Macroeconomics Annual*, Vol. 30, No. 1, 2016, pp. 105 – 166.

[101] Finkelstein, S.. Power in Top Management Teams: Dimensions, Measurement, and Validation. *Academy of Management Journal*, Vol. 35, No. 3, 1992, pp. 505 – 538.

[102] Finucane, M. L. , Peters, E. , Slovic, P.. Laboratory Experiments in the Social Sciences. *London, Waltham and San Diego: Academic Press*, 2003, pp. 403 – 431.

[103] Fischer, S. , Modigliani, F.. Towards an Understanding of the Real Effects and Costs of Inflation. *Review of World Economics*, Vol. 114, No. 4, 1978, pp. 810 – 833.

[104] Fisher, I. The Debt-deflation Theory of Great Depressions. *Econometrica: Journal of the Econometric Society*, 1933, pp. 337 – 357.

[105] Flavin, M. A.. The Adjustment of Consumption to Changing Expectations about Future Income. *Journal of Political Economy*, Vol. 89, No. 5, 1981, pp. 974 – 1009.

[106] Franciosi, R., Kujal, P., Michelitsch, R., et al. Experimental Tests of the Endowment Effect. *Journal of Economic Behavior and Organization*, Vol. 30, No. 2, 1996, pp. 213 – 226.

[107] Gabaix, X., Laibson, D., Moloche, G., et al. Costly Information Acquisition: Experimental Analysis of a Boundedly Rational Model. *American Economic Review*, Vol. 96, No. 4, 2006, pp. 1043 – 1068.

[108] Galasso, A., Simcoe, T. S.. CEO Overconfidence and Innovation. *Management Science*, Vol. 57, No. 8, 2011, pp. 1469 – 1484.

[109] Gan, J.. Housing Wealth and Consumption Growth: Evidence from a Large Panel of Households. *The Review of Financial Studies*, Vol. 23, No. 6, 2010, pp. 2229 – 2267.

[110] Gao, M., Meng, J., Zhao, L.. Income and Social Communication: The Demographics of Stock Market Participation. *The World Economy*, Vol. 42, No. 7, 2019, pp. 2244 – 2277.

[111] Gao, N., Liang, P.. Home Value Misestimation and Household Behavior: Evidence from China. *China Economic Review*, Vol. 55, 2019, pp. 168 – 180.

[112] Genesove, D., Mayer, C.. Loss Aversion and Seller Behavior: Evidence from the Housing Market. *The Quarterly Journal of Economics*, Vol. 116, No. 4, 2001, pp. 1233 – 1260.

[113] Gervais, S., Odean, T.. Learning to be Overconfident. *The Review of Financial Studies*, Vol. 14, No. 1, 2001, pp. 1 – 27.

[114] Glaeser, E., Huang, W., Ma, Y., et al. A Real Estate Boom with Chinese Characteristics. *Journal of Economic Perspectives*, Vol. 31, No. 1, 2017, pp. 93 – 116.

[115] Gonzalez – Navarro, M., Quintana – Domeque, C.. The Reliability

of Self-reported Home Values in a Developing Country Context. *Journal of Housing Economics*, Vol. 18, No. 4, 2009, pp. 311 – 324.

[116] Goodman Jr, J. L. , Ittner, J. B. . The Accuracy of Home Owners' Estimates of House Value. *Journal of Housing Economics*, Vol. 2, No. 4, 1992, pp. 339 – 357.

[117] Gouriéroux, C. , Laferrère, A. . Managing Hedonic Housing Price Indexes: The French experience. *Journal of Housing Economics*, Vol. 18, No. 2, 2009, pp. 206 – 213.

[118] Graff, R. , Young, M. . The Magnitude of Random Appraisal Error in Commercial Real Estate Valuation. *Journal of Real Estate Research*, Vol. 17, No. 1, 1999, pp. 33 – 54.

[119] Grinblatt, M. , Keloharju, M. , Linnainmaa, J. . IQ and Stock Market Participation. *The Journal of Finance*, Vol. 66, No. 6, 2011, pp. 2121 – 2164.

[120] Guiso, L. , Sapienza, P. , Zingales, L. . Trusting the Stock Market. *The Journal of Finance*, Vol. 63, No. 6, 2008, pp. 2557 – 2600.

[121] Hackbarth, D. . Managerial Traits and Capital Structure Decisions. *Journal of Financial and Quantitative Analysis*, Vol. 43, No. 4, 2008, pp. 843 – 881.

[122] Hall, R. E. . Stochastic Implications of the Life Cycle-permanent Income Hypothesis: Theory and Evidence. *Journal of Political Economy*, Vol. 86, No. 6, 1978, pp. 971 – 987.

[123] Haurin, D. , Moulton, S. , Shi, W. . The Accuracy of Senior Households' Estimates of Home Values: Application to the Reverse Mortgage Decision. *Real Estate Economics*, Vol. 46, No. 3, 2018, pp. 655 – 697.

[124] Heaton, J. B. . Managerial Optimism and Corporate Finance. *Advances in Behavioral Finance*, Vol. 2, No. 2, 2005, pp. 667 – 684.

[125] Hendershott, P. H. , Kane, E. J. . US Office Market Values during the Past Decade: How Distorted Have Appraisals Been? *Real Estate Economics*,

Vol. 23, No. 2, 1995, pp. 101 – 116.

[126] Hirshleifer, D., Low, A., Teoh, S. H.. Are Overconfident CEOs Better Innovators? *The Journal of Finance*, Vol. 67, No. 4, 2012, pp. 1457 – 1498.

[127] Hirshleifer, D., Luo, G. Y.. On the Survival of Overconfident Traders in a Competitive Securities market. *Journal of Financial Markets*, Vol. 4, No. 1, 2001, pp. 73 – 84.

[128] Hoffmann, A. O., Post, T., Pennings, J. M.. How Investor Perceptions Drive Actual Trading and Risk-taking Behavior. *Journal of Behavioral Finance*, Vol. 16, No. 1, 2015, pp. 94 – 103.

[129] Hong, H., Kubik, JD., Stein, JC.. Social Interaction and Stock-market Participation. *The Journal of Finance*, Vol. 59, No. 1, 2004, pp. 137 – 163.

[130] Huang, R., Tan, K. J. K., Faff, R. W.. CEO Overconfidence and Corporate Debt Maturity. *Journal of Corporate Finance*, Vol. 36, 2016, pp. 93 – 110.

[131] Hui, E. C., Dong, Z., Jia, S.. Housing Price, Consumption, and Financial Market: Evidence from Urban Household Data in China. *Journal of Urban Planning and Development*, Vol. 144, No. 2, 2018.

[132] Jimenez, E.. The Value of Squatter Dwellings in Developing Countries. *Economic Development and Cultural Change*, Vol. 30, No. 4, 1982, pp. 739 – 752.

[133] Kahneman, D., Knetsch, JL, Thaler, RH.. Experimental Tests of the Endowment Effect and the Coase Theorem. *Journal of Political Economy*, Vol. 98, No. 6, 1990, pp. 1325 – 1348.

[134] Kahneman, D., Tversky, A.. Prospect Theory: An Analysis of Decision under Risk. *Econometrica*, Vol. 47, No. 2, 1979, pp. 263 – 292.

[135] Kain, J. F., Quigley, J. M.. Measuring the Value of Housing Quality. *Journal of the American Statistical Association*, Vol. 65, No. 330, 1970,

pp. 532 – 548.

[136] Kain, J. F. , Quigley, J. M. . Note on Owner's Estimate of Housing Value. *Journal of the American Statistical Association*, Vol. 67, No. 340, 1972, pp. 803 – 806.

[137] Keeney, R. L. , Raiffa, H. , Meyer, R. F. . Decisions with Multiple Objectives: Preferences and Value Trade-offs. *Journal of the Operational Research Society*, Vol. 45, 1994, pp. 1093 – 1094.

[138] King, M. . Debt Deflation: Theory and Evidence. *European Economic Review*, Vol. 38, No. 3 – 4, 1994, pp. 419 – 445.

[139] Kinser, Riley. The Bold and the Beautiful, University Honors College Working Paper, 2014.

[140] Kish, L. , Lansing, J. B. . Response Errors in Estimating the Value of Homes. *Journal of the American Statistical Association*, Vol. 49, No. 267, 1954, pp. 520 – 538.

[141] Kiss, H. J. , Rodriguez – Lara, I. , Rosa – García, A. . Think Twice before Running! Bank Runs and Cognitive Abilities. *Journal of Behavioral and Experimental Economics*, Vol. 64, 2016, pp. 12 – 19.

[142] Korinek, A. , Simsek, A. . Liquidity Trap and Excessive Leverage. *American Economic Review*, Vol. 106, No. 3, 2016, pp. 699 – 738.

[143] Korniotis, GM, Kumar, A. . Cognitive Abilities and Financial Decisions. *Behavioral Finance*, 2010, pp. 559 – 576.

[144] Korniotis, G. M. , Kumar, A. . Do Older Investors Make Better Investment Decisions? *The Review of Economics and Statistics*, Vol. 93, No. 1, 2011, pp. 244 – 265.

[145] Korniotis, G. M. , Kumar, A. . Do Portfolio Distortions Reflect Superior Information or Psychological Biases? *Journal of Financial and Quantitative Analysis*, Vol. 48, No. 1, 2013, pp. 1 – 45.

[146] Kumhof, M. , Rancière, R. , Winant, P. . Inequality, Leverage, and Crises. *American Economic Review*, Vol. 105, No. 3, 2015, pp. 1217 – 1245.

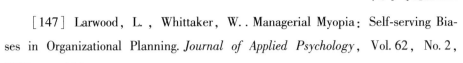
〔147〕 Larwood, L., Whittaker, W.. Managerial Myopia: Self-serving Biases in Organizational Planning. *Journal of Applied Psychology*, Vol. 62, No. 2, 1977, pp. 194.

〔148〕 Leontief, W. W.. The Fundamental Assumption of Mr. Keynes' Monetary Theory of Unemployment. *The Quarterly Journal of Economics*, Vol. 51, No. 1, 1936, pp. 192 – 197.

〔149〕 Li, G.. Information Sharing and Stock Market Participation: Evidence from Extended Families. *Review of Economics and Statistics*, Vol. 96, No. 1, 2014, pp. 151 – 160.

〔150〕 List, J. A.. Testing Neoclassical Competitive Theory in Multilateral Decentralized Markets. *Journal of Political Economy*, Vol. 112, No. 5, 2004, pp. 1131 – 1156.

〔151〕 Lucas Jr, RE.. Asset Prices in an Exchange Economy. *Econometrica: Journal of the Econometric Society*, 1978, pp. 1429 – 1445.

〔152〕 Malmendier, U., Tate, G., Yan, J.. Overconfidence and Early-life Experiences: the Effect of Managerial Traits on Corporate Financial Policies. *The Journal of Finance*, Vol. 66, No. 5, 2011, pp. 1687 – 1733.

〔153〕 Malmendier, U., Tate, G.. CEO Overconfidence and Corporate Investment. *The Journal of Finance*, Vol. 60, No. 6, 2005, pp. 2661 – 2700.

〔154〕 Malmendier, U., Tate, G.. Who Makes Acquisitions? CEO Overconfidence and the Market's Reaction. *Journal of Financial Economics*, Vol. 89, No. 1, 2008, pp. 20 – 43.

〔155〕 March, J. G., Shapira, Z.. Managerial Perspectives on Risk and Risk Taking. *Management Science*, Vol. 33, No. 11, 1987, pp. 1404 – 1418.

〔156〕 Melser, D.. How Well Do Australian Home-owners Know the Value of Their Home? *Australian Economic Review*, Vol. 46, No. 1, 2013, pp. 31 – 44.

〔157〕 Mian, A., Rao, K., Sufi, A.. Household Balance Sheets, Consumption, and the Economic Slump. *The Quarterly Journal of Economics*, Vol. 128, No. 4, 2013, pp. 1687 – 1726.

［158］Mian, A., Sufi, A.. House Prices, Home Equity-based Borrowing, and the US Household Leverage Crisis. *American Economic Review*, Vol. 101, No. 5, 2011, pp. 2132 – 2156.

［159］Mian, A., Sufi, A.. Household Leverage and the Recession of 2007 – 2009. *IMF Economic Review*, Vol. 58, No. 1, 2010, pp. 74 – 117.

［160］Mobius, MM, Rosenblat, TS. Why Beauty Matters. *American Economic Review*, Vol. 96, No. 1, 2006, pp. 222 – 235.

［161］Modigliani, F., Cao, S. L.. The Chinese Saving Puzzle and the Life-cycle Hypothesis. *Journal of economic literature*, Vol. 42, No. 1, 2004, pp. 145 – 170.

［162］Moore, D. A., Healy, P. J.. The Trouble with Overconfidence. *Psychological Review*, Vol. 115, No. 2, 2008, pp. 502.

［163］Naughton, B.. Is China Socialist? *Journal of Economic Perspectives*, Vol. 31, No. 1, 2017, pp. 3 – 24.

［164］Nguyen, L., Gallery, G., Newton, C.. The Joint Influence of Financial Risk Perception and Risk Tolerance on Individual Investment Decision-making. *Accounting and Finance*, Vol. 59, No. S1, 2019, pp. 747 – 771.

［165］Niu, G., Wang, Q., Li, H., et al. Number of Brothers, Risk Sharing, and Stock Market Participation. *Journal of Banking and Finance*, Vol. 113, 2020.

［166］Odean, T.. Do Investors Trade Too Much? *American Economic Review*, Vol. 89, No. 5, 1999, pp. 1279 – 1298.

［167］Odean, T.. Volume, Volatility, Price, and Profit When All Traders are above Average. *The Journal of Finance*, Vol. 53, No. 6, 1998, pp. 1887 – 1934.

［168］Painter, G., Yang, X., Zhong, N.. Housing Wealth as Precautionary Saving: Evidence from Urban China. *Journal of Financial and Quantitative Analysis*, Vol. 57, No. 2, 2022, pp. 761 – 789.

［169］Peress, J.. Wealth, Information Acquisition, and Portfolio Choice.

The Review of Financial Studies, Vol. 17, No. 3, 2004, pp. 879 – 914.

[170] Piazzesi, M., Schneider, M.. Momentum Traders in the Housing Market: Survey Evidence and a Search Model. *American Economic Review*, Vol. 99, No. 2, 2009, pp. 406 – 411.

[171] Pigou, A. C.. The Classical Stationary State. *The Economic Journal*, Vol. 53, No. 212, 1943, pp. 343 – 351.

[172] Pikulina, E., Renneboog, L., Tobler, P. N.. Overconfidence and Investment: An Experimental Approach. *Journal of Corporate Finance*, Vol. 43, 2017, pp. 175 – 192.

[173] Plott, C. R., Zeiler, K.. Exchange Asymmetries Incorrectly Interpreted as Evidence of Endowment Effect Theory and Prospect Theory? *American Economic Review*, Vol. 97, No. 4, 2007, pp. 1449 – 1466.

[174] Polkovnichenko, V.. Household Portfolio Diversification: A Case for Rank-dependent Preferences. *The Review of Financial Studies*, Vol. 18, No. 4, 2005, pp. 1467 – 1502.

[175] Puri, M., Robinson, D. T.. Optimism and Economic Choice. *Journal of Financial Economics*, Vol. 86, No. 1, 2007, pp. 71 – 99.

[176] Rabin, M., Schrag, J. L.. First Impressions Matter: A Model of Confirmatory Bias. *The Quarterly Journal of Economics*, Vol. 114, No. 1, 1999, pp. 37 – 82.

[177] Radin, M. J.. Property and Personhood. *Stanford Law Review*, Vol. 34, No. 5, 1982, pp. 957 – 1015.

[178] Robins, P. K., West, R. W.. Measurement Errors in the Estimation of Home Value. *Journal of the American Statistical Association*, Vol. 72, No. 358, 1977, pp. 290 – 294.

[179] Shafir, E., Diamond, P., Tversky, A.. Money Illusion. *The Quarterly Journal of Economics*, Vol. 112, No. 2, 1997, pp. 341 – 374.

[180] Shefrin, H.. Behavioral Corporate Finance. *Journal of Applied Corporate Finance*, Vol. 14, No. 3, 2001, pp. 113 – 126.

［181］Shu, S. B. , Peck, J. . Psychological Ownership and Affective Reaction: Emotional Attachment Process Variables and the Endowment Effect. *Journal of Consumer Psychology*, Vol. 21, No. 4, 2011, pp. 439 – 452.

［182］Sinai, T. , Souleles, N. S. . Owner-occupied Housing as a Hedge against Rent Risk. *The Quarterly Journal of Economics*, Vol. 120, No. 2, 2005, pp. 763 – 789.

［183］Skinner, J. . Housing Wealth and Aggregate Saving. *Regional Science and Urban Economics*, Vol. 19, No. 2, 1989, pp. 305 – 324.

［184］Slovic, P. , Fischhoff, B. , Lichtenstein, S. . Perceived Risk: Psychological Factors and Social Implications. *Proceedings of the Royal Society of London. A. Mathematical and Physical Sciences*, Vol. 376, No. 1764, 1981, pp. 17 – 34.

［185］Slovic, P. . Perception of Risk. *Science*, Vol. 236, No. 4799, 1987, pp. 280 – 285.

［186］Smithies, A. . Forecasting Postwar Demand: I. *Econometrica: Journal of the Econometric Society*, Vol. 13, No. 1, 1945, pp. 1 – 14.

［187］Song, Z. , Xiong, W. . Risks in China's Financial System. *Annual review of Financial Economics*, Vol. 10, 2018, pp. 261 – 286.

［188］Starr, C. . Social Benefit Versus Technological Risk: What Is Our Society Willing to Pay for Safety? *Science*, Vol. 165, No. 3899, 1969, pp. 1232 – 1238.

［189］Suari – Andreu, E. . Housing and Household Consumption: An Investigation of the Wealth and Collateral Effects. *Journal of Housing Economics*, Vol. 54, 2021, online.

［190］Talpsepp, T. , Liivamägi, K. , Vaarmets, T. . Academic Abilities, Education and Performance in the Stock Market. *Journal of Banking and Finance*, Vol. 117, 2020.

［191］Thaler, R. . Toward a Positive Theory of Consumer Choice. *Journal of Economic Behavior and Organization*, Vol. 1, No. 1, 1980, pp. 39 – 60.

［192］Trejos, C. , Van Deemen, A. , Rodríguez, Y. E. , et al. Overconfidence and Disposition Effect in the Stock Market: A Micro World Based Setting. *Journal of Behavioral and Experimental Finance*, Vol. 21, 2019, pp. 61 – 69.

［193］Vaarmets, T. , Liivamagi, K. , Talpsepp, T. . From Academic Abilities to Occupation: What Drives Stock Market Participation? *Emerging Markets Review*, Vol. 39, January 2019, pp. 83 – 100.

［194］Van Rooij, M. , Lusardi, A. , Alessie, R. . Financial Literacy and Stock Market Participation. *Journal of Financial Economics*, Vol. 101, No. 2, 2011, pp. 449 – 472.

［195］Wachter, J. A. , Yogo, M. . Why Do Household Portfolio Shares Tise in Wealth? *The Review of Financial Studies*, Vol. 12, No. 11, 2010, pp. 3929 – 3965.

［196］Wang, K. , Zhou, Y. , Chan, S. H. , et al. Over-confidence and Cycles in Real Estate Markets: Cases in Hong Kong and Asia. *International Real Estate Review*, Vol. 3, No. 1, 2009, pp. 93 – 108.

［197］Wei, S. J. , Zhang, X. . The Competitive Saving Motive: Evidence from Rising Sex Ratios and Savings Rates in China. *Journal of Political Economy*, Vol. 119, No. 3, 2011, pp. 511 – 564.

［198］Windsor, C. , La Cava, G. , Hansen, J. . Home Price Beliefs: Evidence from Australia. *Journal of Housing Economics*, Vol. 29, 2015, pp. 41 – 58.

［199］Wu, J. , Gyourko, J. , Deng, Y. . Evaluating the Risk of Chinese Housing Markets: What We Know and What We Need to Know. *China Economic Review*, Vol. 39, 2016, pp. 91 – 114.

［200］Xiong, W. , Yu, J. . The Chinese Warrants Bubble. *American Economic Review*, Vol. 101, No. 6, 2011, pp. 2723 – 2753.

后　记

本书核心的想法最早源于笔者2014年在世界银行访问期间与梁平汉教授交谈时所产生，我们基于自己对经济学理论的理解，结合典型个体的行为异常，发现无论国籍和肤色，人们对自有财富估值偏高、对自我能力评价过高的现象十分普遍，而高估越明显的个体/家庭，其行为也呈现出不一样的特征。笔者发现不同居民对自有财富的增值估计有较大的异质性，结合之前关于财富幻觉问题的讨论，隐约感到是一个值得深入分析的问题。在机缘巧合下，笔者获得了更加详细的微观数据，包括关于居民住房的数据，或许能用于解释"财富幻觉"的发生原理及其带来的影响。在认真阅读相关的理论文献和实证研究后，终于形成了系统性的研究方案，并申请了国家课题的资金资助。

开展研究过程中，我们基于家庭的生命周期理论，在禀赋效应的框架下，讨论了家庭的消费、负债和风险投资等行为，实证结果也都证实了我们的想法。本书的部分章节源自笔者和中山大学梁平汉教授、西南财经大学何青研究员所开展的研究，主要的观点相继发表于《经济学（季刊）》，*China Economic Review*，*CITIES* 等国内外一流学术期刊，每一个观点的研究都经历了较长的时间周期，最长的一篇研究从成文到最后被学术期刊接受经历了近5年时间，好在绝大部分的观点都得到了认可，其中发表于《经济学（季刊）》的成果也获得了武汉市第十七次社会科学优秀成果三等奖。

本书的内容涵盖了笔者前期一系列的分析和研究结果，同时也包括了尚未公开发表的成果。在本书的撰写过程中，得到了诸多老师的指点和同学的辅助，在此感谢宫苏瑜、钟玉琴、郑国志、吴浩琳、郝鹏、陈子扬、李怡宁等同学对本书的搭建和完善，同时感谢经济科学出版社的编辑同志对本书细致的指导和校对。

是以为记。

高　楠
2023 年 5 月 15 日